爱需要方法

家长公益大讲堂咨询实录

左辉 ◎ 著

长江出版传媒 | 湖北教育出版社

（鄂）新登字 02 号

图书在版编目（CIP）数据

爱需要方法 / 左辉著 .—武汉：湖北教育出版社，2017.3

ISBN 978-7-5564-1507-6

Ⅰ. 爱…
Ⅱ. 左…
Ⅲ. 家庭教育—爱的教育—教育方法
Ⅳ. G78

中国版本图书馆 CIP 数据核字（2017）第 036946 号

爱需要方法 AI XU YAO FANG FA

出版人 方 平
责任编辑 黄烨祁　　责任校对 刘慧芳
封面设计 仙境书品　　责任督印 张遇春

出版发行 长江出版传媒　430070 武汉市雄楚大道 268 号
湖北教育出版社　430070 武汉市雄楚大道 268 号
经　销 新华书店
网　址 http://www.hbedup.com
印　刷 北京晨旭印刷厂
地　址 北京市密云县西田各庄镇西田各庄村
开　本 680mm×960mm 1/16
印　张 16
字　数 183 千字
版　次 2017 年 4 月第 1 版
印　次 2017 年 4 月第 1 次印刷
书　号 ISBN 978-7-5564-1507-6
定　价 36.00 元

推荐序

爸爸妈妈说

小辉说让我们做父母的给她的书写序，这事儿让我们挺紧张的，又怕她写不好误导人家，又怕我们写不好有啥负面影响。

写啥呢？小辉说，写真实的，写我们家的生活就很好。她说没有我们的教育就没有今天她的这本书，所以，我们想了点儿可能对大家有帮助的生活的一些事情，都是些小事情，跟我们邻居们差不多，大家都是这么过日子的，既然女儿说这就管用，那就写这些吧。

我们家有两个女儿，老大沉稳老实，老二，也就是小辉，聪明伶俐调皮。

要说我们家有啥跟教育相关的事情，可能就是有些讲究吧，是我们一直都坚持的，我们做父母的觉得应该有的规矩。

第一个讲究，就是小孩从来不吃独食。一家四口都在时，吃一个苹果都要分成四份，每人一份。小辉和她的姐姐从小到大已经养成习惯，从来不会自己单独一个人吃好吃的。

第二个讲究，是全家一起动手做饭前准备工作，比如择菜、洗菜什么的。除了早饭，基本其他每顿饭都一起准备。我们夫妻是双职工，下班后全家一起动手，不会因为孩子写作业就不做家务。这一点两个孩子都很让我们欣慰，她们两个都是很听话的孩子。小孩子干不了大的活儿，在一边负责剥葱啊、蒜啊，洗个菜啊，剁个姜末啊，两个人在屋里写作业，我们随时喊一声，她们就跑出来帮着干活，干完活儿再回去继续写作业。在厨房里待的时间长了，和面啊，做面条啊，包饺子啊，就都会了，也没有特别去教。每次吃完饭，我们全家都围着桌子不收拾，再聊会儿天，随便聊啥都行，社会新闻呀，新鲜故事呀，学校的事情呀，聊完了，两个孩子收拾桌子、收拾厨房。

第三个讲究，是不吵架。我们家妈妈脾气急，动不动就吼起来了，爸爸性格柔和、幽默，每次妈妈无论吼得多厉害，爸爸一句玩笑，大家一起哈哈哈，也就过去了。如果爸爸生气了，刚吼一声，妈妈立刻会变成小女人，特别温柔贤惠小心谨慎低眉顺眼，所以，我们家从来没有吵过架，更别提打架了。小辉有一次回家跟我们说："我们同学说一家人没有不打架不吵架的，我就告诉大家，我爸妈从来不吵架啊，同学都不相信。"这一点我们可以很骄傲地说，我们家的孩子从来没见过一家人吵架是啥样的。

过去家庭条件都不好，她们姐妹两个没什么玩具，那时候大家都很穷，好在爸爸手巧，做航空模型特别在行。从小到大，从弹射模型飞机到牵引飞机，再到遥控飞机，都是爸爸的拿手绝活儿。周末，或者其他节假日，两个孩子都跟着我们一起上山，去放飞机，她们的童年就是伴着飞机长大的。

万万没想到的是，飞机玩多了，人就想自己上天了。小辉长大了，大学毕业后，她跑去玩滑翔伞，跟着一群人，就她一个女娃娃，跑到山顶上往下飞，当妈妈的其实都快吓死了。每次我们揪心地等着她平安回来，才能放心睡觉。不过，我们从来没有阻拦她，也从来没说过我们的担心，小辉可能一直都不知道，我们是这么担心和害怕。她从来都是眉飞色舞，兴致盎然，从小胆子就大得啥都敢尝试。我们是这么想的，让孩子自己做主，做她们自己喜欢做的事情。做父母的，是一个堡垒，孩子啥时候受伤了，在外面混不下去了，父母这里就是一个避风的、休息的地方。外面世界那么大，让她们自己去飞吧。

小辉特别喜欢小提琴，缠着我们给她买，说实在的，那个时候家庭条件都不好，也不讲究啥素质教育，没有几个家庭花这个钱让孩子去练琴，可孩子这么喜欢，自己还捐出了自己的压岁钱，我们就同意了。等琴也买来了，艺校也报名了，去学了一阵子了，她回家跟我们宣布："这东西就当作玩玩吧，咱别当饭吃，太累了！"那时候她十岁。天知道，我们全家每天听她"踩鸡脖子"一个小时，是多大的折磨，房子那么小，躲都没地儿躲。不当饭吃，可以少踩一会儿吗？结论是不！尤其是青春期跟我们犟的时候，如泣如诉地拉琴，我们都气死了，又没办法发作，今天终于一吐为快了，哈哈哈！

这两个孩子在邻居眼里，也都是很好学上进的孩子。我们早年买电视机的时候，全楼就只有我们家有，每天晚上，我家鸽子窝里全都是人，大家吃完晚饭，都来我家看电视，两个孩子只能跑到厨房里，趴在案板上写作业。这一点让邻居们称赞不已，一屋子的人那么吵，还有好看的电视，别人家的孩子都忍不住要来看，我家两个孩子跟没听到似的，学习不会受影响。

这跟我们小时候培养的一些习惯有关系，孩子们小学的时候，我们夫妻两个商量好，孩子放学回来，准备好做饭之前的工序后，妈妈做饭，爸爸在孩子旁边看书，有问题可以解答，也让孩子有个学习的氛围。我们家不打牌，到现在爸爸都不会打扑克牌，妈妈也是在退休后，才跟老姐妹们开始玩牌。

孩子们在成长的过程中，对大自然的景象、社会上的新鲜事物好奇心非常强，总是缠着大人问个不休，做父母的头脑中又不具备那么丰富的知识，为了满足孩子们的求知欲望，我们买了一整套《十万个为什么》，这样既回答了孩子们的提问，也丰富了我们家长自己的知识面。每天晚饭后，我们总是陪着两个女儿顺着山间小道，两只胳膊一边拽着一个，从山底到山顶，一路走一路说，上至天文，下至地理，中至人和，无所不谈。后来两个女儿在学校里把我讲的这些话，又讲给同学们听，同学们都惊讶地问："这些老师从来都没有讲过的，你是从哪里知道的？"女儿们自豪地回答："我爸给我们讲的。"

经常跟孩子们在思想上保持沟通，对孩子的思想成长、知识面的开拓，都是有好处的。

小辉写的这本书中，对如何搞好家庭教育，启发孩子们的智力，提出了很多宝贵和启发性的建议，值得年轻的家长们一读。

国家是由千千万万个家庭组成的，一个家庭就是国家的一分子，教育虽然是由国家来统一承担，但家庭教育也占有非常重要的地位，尤其在品德方面，父母就是子女最好的老师。人们常说，有什么样的父母，就有什么样的子女，小辉能从给家长讲课的角度来讲教育，我们做父母的是很支持的。

希望大家能喜欢我女儿的这本书，更希望这本书能帮到更多年轻的父母。

左辉的父母

2016年11月于兰州

自 序

且行且成长

做家长公益大讲堂，是一个心愿。

2010 年的时候，有个学生来找我，要为某个教育机构开家长课，我当时蛮拒绝的。我们如果为孩子做心理咨询，都需要家长跟我们签约，保证在咨询进行到一定程度的时候，父母自己要接受咨询，因为很多孩子的问题都与家长密不可分。（当然，不能一概而论说所有孩子的问题都是家长的，应该说，这样的家长，遇到这样的孩子，于是造就了这样的性格与行为方式。一个家庭如果有两个孩子，家庭环境都一样，但两个孩子的性格还是会不同，所以，不能百分之百将所有问题原因都归于父母。）然而很多父母都不认为自己有责任，当孩子的咨询到一定程度，开始好转的时候，父母自己就不肯出现了，然后过一阵子，孩子回来，原来的那些进步全都消失了。

我认为，父母自己是不肯改变的，也是不肯学习的。

但出乎意料地，这个班的父母竟然坚持下来了。跟我上了半年的课，非常努力地按照要求在平时的生活中调整和改变。

有一位妈妈给我的印象很深刻。她一直都不太说话，也没啥可分享的，一直到课上到一半，她才说出，上高中的儿子已经有三年没有跟她开口说话了。家里什么都没有发生，没有任何可以找寻的事件创伤线索。我教的方式，就是找到一个她自己喜欢的生活兴趣，不需要花很多钱的。后来，她开始养花，每天对着花说话，养好看的，耐活的，放在家里的各个角落。有一天，她说，儿子开始关注她的花了，看着花的时候会笑，好开心的样子，这个表情很多很多年都没有见过了，然后她的眼泪落了下来。

课结束的时候，他们跟我说："左老师，您出书吧，告诉广大父母，到底要怎么在日常生活中做父母，教教大家，让大家学会真正有效能用的方法，帮帮这些纠结的父母。等您书出来了，我们帮您推。"还有父母说："左老师，我马上退休了，我来跟着您一起干吧，我自己纠结过，痛苦过，我想用您教会的这些方法和理念去帮帮其他痛苦的父母。"

然后就有了家长公益大讲堂，我们收到了第一笔捐款，开始租用会场讲座。

同时，我的学生开始在北京各个区县的图书馆、社区，为家长举办各种类型的讲座。

而我还是觉得这种讲座辐射的人群太少了。

后来，我们开始尝试在微信群讲座，把家长公益大讲堂直接搬进了微信课堂，从 2014 年 8 月开始，每天进行家庭教育讲座。所幸的是，这种尝试很快就收到非常好的效果。家长们不再受时间的影响，当堂上课可以提问；如果当时没时间，晚上回家还可以"爬楼"听；有问题留言，还会有其他家长一起帮助回答。

后来，良方老师出现了，麦子老师出现了，唐俐俐老师出现了，很多很多优秀的志同道合的人出现了。我们有了家庭教育，有了亲子养生，有了家庭快手小菜，有了亲子教育中的夫妻关系共修。

也有更多的父母不再满足于简单的方法和理念，愿意走入深度成长的课堂中来。

在这个大家庭里，大家互相帮助，互相支持，我可以骄傲地说，这是全世界独一无二的群，群里妈妈都有一项过人的本领——反省。她们未见得有多少理论，但她们学会了在第一时间反省自己，也学会了在帮助别人的过程中不停地反省自己。

这是多么难得的品质啊。

家长公益大讲堂是大家参与的平台，靠着大家共同的成长和维护，才有了今天的样子，才有了两年多的坚守，希望更多的父母参与，共同成长。

这本书是家长公益大讲堂两年来的讲座实录，经过了一些整理，删除了其中闲聊的、错误的部分，也做了一点修正，即兴的讲座中有些心理调整来不及讲解，所以整理文字时增加了一些说明。我尽可能地保留了讲座的原貌，试图让大家能够在简单生活般的对话中，学到能够有益于自己的方式方法。

两年多的坚守，收获了大家的信任，收获了许许多多妈妈的支持。在讲堂这个大家庭中，大家相互支持，相互守望，有疑问共同解决。非常惊喜地发现有妈妈一边学习，一边在自己开设的群中继续家庭公益答疑和讲座。一朵一朵花开，一片一片浓绿，一个家庭一个家庭，开始在生活中渗透一家人的心灵，将内心的反省与成长作为生活内容，大概，我们的世界，我们所处的环境，会因此而越来越美好吧。

感谢我的女儿，在我最忙的时候，也依然是那么乖巧明事理，在我不讲理的时候，能够清楚地告诉我，她需要我用怎样的方式来沟通。感谢我的父母、我的家人，你们的包容和支持，永远都是我前进的最重要的力量来源。

感谢良方，你是我最坚定的伙伴，只一句碰杯的誓言，我们携手同行，加油！

非常感谢我的经纪人奚剑先生，为这本书的面世花费了大量心血。

感恩所有关注家长公益大讲堂，陪伴我们、支持我们，身体力行的家长朋友们！

左辉

2016年冬月于北京

目 录

第一章 重回生活——教会孩子如何生活是最好的教育

第二章　与人交往——人际关系是人生的一大课题

第三章 环境影响——排查孩子成长环境中的“荆棘”

第一章

重回生活

——教会孩子如何生活是最好的教育

一、生活的意义

“妈妈，我饿了。”这是我跟女儿之间的暗号，用来提醒我们，在她和我发生争吵的时候，要立刻停下来各自反省，结束争吵。

因为我们争论争吵过无数次，终于想要解决这个状况。

这句话的意思是——“我需要妈妈爱的滋养”。

也就是说，争吵已经开始让孩子受伤，我沉入事情里，忽略了孩子的感受，事情本身变得不重要了，我们需要各自反省。

你看，身体吃饱是容易的，爱的饥饿感却总是很难被填饱，又那么容易被忽略。纵然我是一个还不错的心理学家，我也依然会犯这样的错误。

这不过是生活中的一个小事件，小到女儿五年级左右，我们就已经不用了，要不是因为写这本书，我都已经干脆忘掉了。

类似的生活中的小状况其实很多很多。

我发现父母们问我的问题，大多在我的生活中都出现过，有些甚至情况一模一样。这些不过是孩子们长大过程中都需要经历的生活，正是这些一个一个或微不足道，或跌宕起伏的大小状况，构成了完整的生活图景，让整个家庭在发现、纠结、解决问题中，生活着，成长着，经历着，磨炼着。这就是生活。

家庭教育是生活中不可或缺的一部分，是完全融入生活场景的一部分，在每顿饭里，在每晚的鼾声里，在每次的欢笑和哭泣里，也在每一场争吵和解的悲喜里。没有一个单独抽离生活的课程可以叫作家庭教育，这是父母们必须掌握的生活技能，当然，是在生活中一点一滴的面对中逐步掌握的技能。

1. 教育不等于报班

案例

我有一个朋友，最近孩子出了一点状况，其实也没啥大不了的，就是成绩不够理想，找我来咨询有啥好办法。

我说，唔，英语好像不理想，还可以上升。

这爹说，好，报个英语班。

我说，孩子的自我管理有点弱，需要加强。

这爹说，好，老师您看报个啥班合适？

我说，这孩子蔫蔫的没有活力。

这爹说，那去报个野外夏令营，或者军训吧？

我说，这孩子似乎跟你不说话。

这爹说，那老师您有啥班教这个？

什么时候开始的，养孩子等同于报班了？

也许有的父母不这么认为，这不算养孩子，这是教育，是要教孩子。那么，我换个问法，什么时候开始的，教育孩子等同于报班了？

怪不得，现在的孩子上各种课是生活的一大部分，除了学校课，还有课外课，周末课外课加课外班。上课已然变成生活，而生活，早被挤到犄角旮旯去了，大约只有吃饭和睡觉没办法挤走，一息尚存地留在日常安排中。

如果一个孩子长期不肯跟父母沟通，那必然是家庭生活出了严重问题。出了问题不能沟通，意味着平时家庭的沟通就是有问题的。意味着父母要么强权，不听孩子意见；要么冷淡，听不到孩子的意见。一个无法在家里正常沟通的孩子会出什么问题？最常见的，情绪会抑郁，这种抑郁情绪用来写作文还不错，只是调子总是灰灰的；但如果这样的孩子写出来阳光满屋的作文，那反而更要注意，因为抑郁情绪已经压抑到看不见的地方，会更加危险。

一个情绪不好的孩子学习会很好吗？很难！

不好的情绪会让人变得沉重，思维速度也会变慢，记忆力会下降，理解力也同样会下降。

我以前在一个教育机构教学生，发现很多中学生成绩不好，都是因为情绪的问题。他们进入教育机构的门时脸上还笑容灿烂的，一打开书包脸上就开始阴云密布，这还怎么学习呀？老师在上课的时候，很多的时间和精力都用来调节孩子们的情绪了。有个女生喜欢明星，上课的时候不光在小教室里贴满了该明星的海报，还让老师戴上了明星的面具，看着顺心才有心情学。不光孩子们情绪不好，父母们也同样情绪不好，但他们能够把这些负面的情绪发泄在教育机构的老师身上，孩子们上一个小时的课，父母们的电话能追三个小时。一个教育机构的老师往往干五年左右开始换工作，因为情绪上和心理上都不能坚持太久，他们没有经过正规的心理咨询训练，却无意中进行了很多的家庭心理疏导、情绪咨询。

木桶短板理论大家都知道的，水桶里的水会从哪里漏出来？

当然是最短的那块木板处。

如果一个家庭是一只木桶，孩子就是这个家庭的短板，力量最弱，人最小，家庭的压力就会从孩子这里呈现出来。放在木桶里，水流就是压力。一个系统的压力最终会流向系统内最弱的那部分，一个社会的压力最终也会流向这社会最小最弱的群体，这是基本的社会心理学理论。

可以说，本来是家庭生活中的一些问题没有得到解决，结果变成了家庭压力，这压力会全部压在孩子身上，变成孩子的问题。然后，变成学业的问题，这个问题是全家人最容易关注的问题，于是，解决这些问题的各种机构欣欣向荣。

总结

我常讲，现在的父母们，懂的不是太少，而是太多了——西方的教育理念、心理学技术、民主思想，还有东方的儒释道思想修行文化，全部掺杂在一起，家里天天变换思想大旗，老少三代一起困惑。

吃饭想教育思想的问题；读书讲故事，想教育理念的问题；穿珠子养猫猫狗狗，也想到教育原则的问题；摔个跟头，更是要想教育规则的问题；奶奶洗碗不干净，也能想到教育传承的问题。

这本身就是问题。

为了解决问题，大家能想到的最直接的方式，就是报班，这是更大的问题。

大家忘掉了生活，忘掉了为人父母的一件重要的事，就是跟孩子一起生活，这些生活中的状况，要回到生活中，在家庭里，父母与孩子一起解决。

2. 教育困惑，源自我们不敢面对生活的困惑

现今很多家庭的生活，都是吃饭、睡觉、学习、上课外班、玩手机或者电脑游戏。

孩子上小学以前，忙着上亲子课，忙着上学前班，忙着认字，忙着读经，忙着练钢琴。

甚至很多家庭父母工作都很忙，孩子交给家里的老人，或者是保姆，一路带大。

我教过的很多中学生，晚上回家经常自己随便买点什么当晚饭，或者方便面，或者“7-11”的快餐，因为要上课外班，父母下班晚，很多孩子十点上床的时候，父母还没有回家。

有位父亲亲口跟我说，假期时自己出去学习摄影，不陪孩子，因为打算学好了这一门技术，好拍摄孩子的成长历程。我当时就忍不住笑了——孩子难不成会留在原来的时间里等着你吗？等辛苦的父母们挣到了理想的钱，学会了厉害的技术，回头找孩子的时候，发现他已经不需要你们了，

有可能他只需要你们付账单。

孩子的成长本身，是在生活一点一滴中完成的，就好像一棵植物的生长，要经历阳光、雨露、冰雹、闪电、虫灾等等，每一个时光，它都在默默地长大。我们偶尔回来看一看去年的那棵树，会惊讶地发现，它比去年高了，树冠更大了。孩子也一样，很多时候，亲戚家的孩子一年没见，春节一看，哟，这孩子，长高了一头。甚至自己家的孩子，去了一趟夏令营，回来你突然发现，他长高了，你需要仰视了。可是如果在你的身边，你便有可能会忽视这些成长的讯息。

任何一个生活中的事件，或者意外，或者问题，都是孩子成长的契机，是向父母发出的讯号。

用镜头记录这些成长讯息固然重要，但比记录更重要的是你在孩子身边，跟他一起发现讯息，处理讯息，这就是生活本身的意义。而这些，才会真正记录在孩子的内心，成为以后指导他生活的重要源泉。

案例

妮妮两岁半，已经开始上幼儿园了，因为年龄小，所以只上半天，最近一段时间总在家里哭，要让妈妈给擦眼泪、擦鼻涕，不给擦就哭得更厉害。老师说，她在幼儿园也是这样。

要求擦眼泪鼻涕的行为应该是在寻求关注。是的，孩子是在以这样的行为试图获取家长或老师的关注。一定要强调一点，两岁半的孩子试图寻求关注，是很正常的，不是问题。

我有点怀疑，初入幼儿园的孩子大多数都是哭的，所以老师可能顾不过来；也可能有些老师知道孩子们前几周是哭的，所以这几周基本上不太管，任由孩子们哭，只有眼泪鼻涕太多了，才过来擦一下。

这难得的擦一下，变成了孩子获得一点关注和关爱的机会，所以很可能，孩子会认为，哭出眼泪和鼻涕，就会有人来安抚了。另外，我不确定幼儿园的餐巾纸是不是允许小朋友自己随意拿，如果孩子自己不可以随便动用纸巾，眼泪鼻涕太多的时候由老师来动手，而孩子乖的时候老师又去照顾别的孩子，形成这样的条件反射是很容易的。

这个案例里面，有两个问题需要我们注意：

一个是让孩子适应幼儿园的生活。在把孩子接出来后不要急着回家，在幼儿园门口跟同班小朋友玩一会儿，这也是尽快融入集体生活的重要方法。当然，同班的小朋友如果是同一个小区的孩子就更好了。

另一个是条件反射的问题。在家里，孩子乖的时候多抱抱他，跟他聊聊天，陪他玩儿。当孩子有眼泪和鼻涕的时候，父母一边在旁边陪着，一边要慢慢鼓励孩子自己拿纸巾擦，然后把纸巾扔到指定的纸篓里。这样做的目的，是把父母的安抚行为和孩子自己擦鼻涕眼泪的行为分开，以免孩子将这两件事情混在一起，用要求擦鼻涕眼泪的方式来获得更多关注。

另外，需要特别注意的是，这种条件反射的形成是孩子的一种自我保护机制，不要强行阻断。孩子刚入幼儿园，面临的困难和痛苦不是我们成人能够体会的。更关键的是，这个年龄的孩子，自己描述不清楚想表达的意思，对情绪的界定也不清晰，所以，有些孩子会把这种痛苦转移到某一件事情上，比如想要妈妈，转移成要人帮忙擦眼泪鼻涕。如果达不到，就只专注于这一件事情来哭闹，这样痛苦就有了一个准确的目标，也更容易达到些，因为在幼儿园哭闹是不会哭来妈妈的，但是让老师帮忙擦眼泪鼻涕还是有可能的。虽然这不是好的心理调节方法，却是孩子小小心灵自动形成的自我保护的一种方式。这种方式对这么小的孩子而言可以称为创举。

我们要改变孩子的行为模式，仅仅是因为要符合社会需求，满足老师、父母的需求而已，所以，不需要焦虑，这不是孩子的问题。

这仅仅是生活中有可能出现的很多状况中的一个而已，用生活本身去解决，才是真正有意义的。

总结

《中庸》讲，“天命之谓性，率性之谓道，修道之谓教”，教育本来是天命、率性、修道结合起来的，是父母与孩子最天性自然的交流方式，可惜我们自己不会率性了。作为父母，成长过程中经历的创伤让我们不得不牢牢地包扎着自己，我们所面临的教育孩子的困惑，恰恰是我们自己没能面对的、对自身生活的困惑。就像哭着要求大人擦眼泪鼻涕的妮妮一样，我们没有真正面对自己的问题，而是将这个问题转嫁到了孩子身上，孩子不能反驳，于是我们压抑的能量就有了一个发泄的出口和通道。

很多父母都是这么干的。

家庭生活的意义，正是在养育孩子的过程中，通过孩子的变化，逐步发现自己的问题，先反省自己，解决自己的问题，再琢磨孩子的问题。有些时候，可能你刚刚反省了自己的问题，孩子就已经发生了很大的变化。

当然，指出这种情形，不是为了指责父母，也不是为了让大家过度自责寻找自己的错误。如果你看书的时候发现自己也有这样的情形，那么不要觉得自己不好，不要觉得所有的问题都是你自己造成的，天底下没有完美无缺的父母，也没有从来不犯错误的父母。我们愿意学习，愿意寻找一种方法，来帮助自己更好地生活，完成父母这个角色所赋予的神圣使命。只有坚信，所经历的一切都是完美的、都是必然的，接受它，才是改变的开始。

3. 家长改变心态，才能真正改变教育行为

任何行为的改变，背后都需要心态的改变来做支持，而心态的改变需要对情绪的感知、接纳和疗愈。

所以，改变行为不是我们平常以为的那么简单。按照大家的理解水平，到底怎样做是好的、是有利的，我想其实每个人心里都很清楚，关键就是做不到。

有些家长问我很多技术层面的问题，我教了，然后他们还是做不好，为什么呢？因为家长行为背后的心态不对。现在的孩子一个个特别机灵，家长有点儿啥小猫腻，自己还没搞明白呢，他们却看得清清楚楚。

有时候孩子配合家长，不是因为家长做得好了，是因为孩子宽容，不愿意家长为难，才在自己能够容忍的范围内，按照家长想要的样子去表现了而已。

所以家长这么勤奋地学习，是在学什么呢？

我们学的是看到自己行为背后真正的自己，无论是欲望还是企图、情结，无论有多么不美好、有多么丑陋，那都是真实的我们自己！

当我们特自以为是地、光鲜亮丽地出现在别人面前时，大家全是以各种面具来交流合作，这是社会的规律；但是当我们面对最亲密的孩子的时候，你这些伪装和面具，其实不堪一击。

孩子的心灵面对父母的时候，是最纯净的，所以，他可以清晰地看清你的伪装和你的脆弱。他没有揭穿你，这是他的宽容，因为他同时看到你的弱小和不堪一击，所以他宁肯假装不知道，这一点大家一定要清楚。这是孩子对我们的爱！

所以，我们先不要急于用一个标准化的所谓好的模式，来把自己限定在这个所谓好父母的模式中。不要急于改变行为，不要觉得自己所有的行为都错了。

我一直试图让大家明白的是——先学会看到真实的自己！

如果抱着一颗改变的心去看自己，你的潜意识会害怕的，因为害怕自己不够好，所以不敢轻易释放出来。而潜意识中深藏的自己，肯定是不够好的呀，要不跑潜意识里干吗去呢？

所以，放松，放松，你现在所有表现出的，你自己所认为不好的行为、不符合好父母的行为，背后都是你自己曾经的创伤，你小小心灵曾经遇到的痛苦和悲伤。

创伤，大家不要认为就只是身体上的伤害。比如，我们对八个月大的孩子，会鼓励他趴着，用胳膊支撑起自己，抬头，然后我们都很快乐。这个行为本身很正常，也没啥问题，对吧？

但是，从孩子自身的角度来感受，之前都是被抱着的，他就会认为生来如此、历来如此，就该被抱着！

结果父母突然不抱了，还让他趴着，弄得他无奈至极，最后只好自己支撑起来——你们这帮坏人不仅没觉得抱歉，居然还大笑不止！

这就是一个创伤事件！

这个创伤事件导致的结果，会因为孩子的天性不同，而走向不同的方向。比如，有的孩子开始形成对成人的不信任，有的孩子开始觉得自己被抛弃。

这个例子吓人不？

我要告诉大家的是，这些创伤是孩子在成长过程中必须经历的。正是这些创伤，让孩子开始与父母进行分离，开始慢慢走上独立的道路，所以，自然界的设置极其巧妙！

这不是父母能够控制的事情，也不是按照我们希望的意愿来进行的事情。这是生命最奇特最神秘也最充满创造力的表现。所以，我之前讲过，父母有时候觉得自己教育孩子，就好像是孩子的救世主一样，这是一个错觉。

我们在与孩子的互动中看到的是自己！如果我们看不明白自己，我们就永远也不可能理解什么是生命，我们对孩子所做的努力，大部分都可能是对生命的干扰。

为什么一再地要求大家看自己、感受自己，看懂自己的情绪、看懂自己的行为呢？如果你不感受自己，就不可能真的感受到别人，同样，你就不可能感受到孩子。

除了大家公认的一些行为模式之外，其他具体的行为我认为并不重要，真正重要的是行为背后的心态。

所以，我们一直在学的，并不是具体怎么做，而是想做背后，你的心态是什么。而后，具体选择怎么做，心态对了，怎么做都没关系，但是心态的调整不是说教和给一个准确模式能够达到的。

好比，你从来没吃过苹果，没见过苹果，哪怕你吃过梨、山楂、桃子等水果，你还是不知道苹果的味道。我跟你形容它是红的，瓤是白的，有汁，甜的，有些还比较酸，有的脆有的绵，你就真的能知道苹果的味道了吗？

要想真的知道，你尝一尝，用自己的嘴尝过了，你就真的知道了，也没太多废话，就一句：原来，苹果是这个味道！

4. 在接受知识之前，用心感受世界

左辉[①]：我有点怀疑，人类最初的交流根本不需要说话，人类相互之间感受的沟通程度远远超出我们现在的想象。只是由于社会开始复杂，人们不再只是吃饱繁衍而已，不得不出现语言文字和数字来描述一些事。时间久了，这些原本只是用来描述的工具却成了知识本身，我总觉得这个路径是错的。

过于追求语言的精确和精致，反而丢掉了语言原本真正要表达的意思。同样的，数学抽象的计算，也丢掉了数学中原本包含的哲学含义。包括物理、化学，每次看这些学科的起源，我总是觉得非常可惜，抽象的学

① 在具体的讲课过程中，除了老师在讲，也会有学员与其进行互动。所以文中会把老师和学员的讲话分别标出。——编者注

习与计算应该是站在充分理解实际意义的基础上才能做出来的，我们的学习好像有点本末倒置了。

举个例子吧，一个人如果经常吃到苹果，我们要求他说出苹果分几个部分，还是比较容易做到的。他能清楚地说出来苹果分为苹果皮、苹果肉、苹果核，还有苹果籽。我们理所当然地认为，吃过苹果不用背就记住了。

但如果没吃过苹果呢？我们可以画一个，然后要求他背出苹果分为哪几个部分。或者，我们直接用语言描述一个苹果，然后要求他背下来苹果分几个部分，还要记住苹果的细胞结构、氨基酸分子结构，还要推算出苹果树啥样子，分几个树杈。

最最过分的是，我在上课时，发给大家一人一个苹果，让大家尝尝才开始上课，可是居然会有人提意见，说“我们是来听课的，不是来吃东西的，你这个课堂一点儿都不严肃，没有结构”！我们被教育得只会用知识来认识世界，不会用心、用感受了，这真是一个悲剧。

学员Z：没接触到，却要学会，最重要的还要考试，确实既枯燥，又乏味。好像个体对未知的探索，也从原来不知道就去看去听去感觉然后收获知识，到先学习知识然后带着知识去看了。总是带着知识这样去看世界……感觉好奇怪。不过这样，是会感觉安全些吗？

左辉：我以前跟一帮朋友玩滑翔伞，什么知识都没有，就是觉得刺激惊险，特别喜欢。几个人组成的小分队，只有我一个女的！带头的老大，不过是与我同岁的男生，但他很喜欢航空知识，带领我们几个人特胆大地就开始上天了。

我们一开始很穷，没钱买副伞。如果在天上滑翔伞出了问题，要随时打开副伞——跟降落伞一样，是可以保命的——但是我们没有。挂着滑翔伞飞在千米高空，我们竟然不带副伞，真的是胆子太大了。但其实，我没想过也不知道会有多少危险。

后来我到了北京，过了很多年，再想这段经历，觉得很不可思议。如果早一点学到相关的知识和保险措施，保不齐我就不敢上天了，人生里那一段小鸟一样的感受也就抹去了。但是正因为不知道这些，我知道了翱翔在天空，从天上看地下、掠过树梢的感觉，也知道了当技术不精遇到电线杆避不过去时，那种闭上眼睛愣撞的心情。

学员 M：人生的丰富体验和安全总是一对矛盾，看怎么选，用什么样的态度。

左辉：后来我父亲被“骗”去一起玩儿，老人家飞上天，落地的时候没操作好，掉在一个黄土坡上，砸起了一片尘土……吓得我们一群人扑过去抬他。

我父亲在我生命中是非常重要的存在，他教会我冒险、淘气、不吝权威、敢说敢做。到现在为止，我也没觉得我遇见的任何一个男人能比得上我父亲，老头儿做家具、做航模、钉鞋、修电器，那手，无比巧！

更关键的是，他非常非常幽默。我妈可厉害了，但我们家从来不吵架，因为无论我妈怎么吼，我爹一句玩笑，轻松化解。

我想告诉所有的父亲：父亲的天空有多辽阔，孩子的天空就能比他更辽阔。一个乐观、幽默的父亲，陪着孩子淘气的父亲，为孩子带来的性格财富是不可估量的。

5. 教育的目的是开启心智

一个人，实际上，一生都在成长中，直到死去。只不过，前半段时间长身体、长知识，尽最大可能释放心智原本该有的能量；后半段时间用自身的心智，与先前获得的经验，在精神层面获得更大的成长。如果精神的成长足够，则会对身体产生奇特的治愈和提升力量，所以，后半段活的是融合与创造。

婴幼儿时期，学的是会吃、会睡、会玩儿、会哭，这是在这个世界存活的态度和基本技能。

儿童期，也就是小学阶段，学的是面对外界沟通交流的基本技能，一点点地读书认字、一点点地计算、一点点地组织语言的技能，学会守规矩、学会融入团体的技能，还有人际关系的技能。这些技能原本的目的，是用来保持对外界的好奇和友好，以便于更深地探求和认识这个世界；同时，在这种探求中，发现和发展自己的心智能力。这种心智能力，以能够敢于面对外界、主动应对为主，当然，内容其实有很多，我只拣了常见和主要的来说。

初中阶段，应该是动手加分析的阶段。小时候的动手，以玩和有趣为主；初中阶段的动手，要以功能和精确精致为主。也就是说，学到的一点知识，要用在现实的生活中，来解决生活中的一些小问题。而且，这个阶段，顺应心智的发展的话，应该开始为自己安排一些事情——一些与朋友和家人共同参与的叫作工作的事情。

高中阶段，心智学习开始进入抽象学习阶段。这个阶段能够理解复杂的抽象概念，能够进行复杂推演，并能知道自己的短期与中期目标，并为之约束自己，也能坐得住了。

大学阶段，是应该自由学习的阶段，愿意学习的人可以深入学习分析研究。

我们现今很多教育失败的缘由是提前教育。将不该这个年龄段学习的知识和技能强行放在孩子身上，孩子不得不关闭这个年龄原本应该释放的心智能量，而用以前学会应对外界的心智模式硬生生地去适应所谓的学习。所以，提前灌输知识和技能，关闭了孩子释放心智的通道，这就是为什么我们的孩子在中学阶段表现出与年龄不符的不成熟，大学阶段就与“成熟”二字更加有差距，进入职场之后，开始让全社会头疼。这个状况愈演愈烈，好在“00后”出现改观了，因为“70后”“80后”做父母的开始觉醒。

制度不是一天就能变过来的，作为父母，我们要清楚地看到，教育的目的是开启心智，不是记住知识。知识不过是一个触点，心智够了，这些知识很快就能掌握，而且是真正的掌握，不是背会，是懂了——懂的意思就是可以随口讲出来，用自己的语言，用自己的理解。比如，我给大家讲课，全是即兴的，事先没有备课，没有资料，是真实体验的产物，所以，我需要的时候，这些知识自己就会出现，一点儿都不费力，也不费内存，讲完，我就忘掉了。

6. 教育是在错中寻找人生的度

学员C：我一个朋友的女儿是芭比控，凡是没有的芭比娃娃都要买，变成无底洞了。所以我一直不给女儿买芭比娃娃，一度也很控制给她买的书的内容，现在她对书的品位还凑合，不会乱买了，新的问题是她看动画片不挑。

学员 B：我也会这样，尤其是玩具。有几次我们带孩子去买玩具，她喜欢的一般是花花绿绿的“无脑”玩具，而我更看重教育意义。后来有一天突然觉得这样是不是剥夺了孩子的选择权？我跟孩子爹商量隔段时间允许她选一样傻玩具，要不总是我们兴冲冲地买自认为对她好的，可并不是她真想要的。

触动我改变的是，有一次我们带她去选玩具，她喜欢一个切比萨的玩具，爸爸觉得没有意义，最后买了两大盒很贵的积木。回家后爸爸兴冲冲，但闺女一直惦记比萨，我突然觉得我们有点没站在她的角度考虑她的感受。

左辉：芭比有很多替代品，还不贵。孩子小时候，对价格和做工精细没什么概念，她需要时买给她，玩够了自然不会玩了，如果她一直嚷个不停，背后一定有其他原因。这个孩子对芭比已经超出了玩具范畴，变成一种收藏，而且是没有的都要买，这是超强的占有欲，这种欲望背后如果深究的话一定有很大的原因是父母。

至于玩具，对孩子而言，好玩就是玩具，有教育意义的那叫教具！

我刚有孩子的时候，也是看宣传，买了好多炫目昂贵的玩具，结果全堆成垃圾，孩子碰都不碰，倒是在浴缸里，自己拿了一个矿泉水瓶子，来来回回玩了好久好久。她还会变着花样玩，一边玩一边想这是飞机，这是船，这是宝宝床。

我发现孩子最喜欢的是瞎玩！原本是很开心很放松地玩，但被教育赋予了太多所谓的意义，这玩就成了工作，有目的有步骤有管控，太累了！

我们对孩子的控制无所不在，每一刻都想对孩子实行监控，孩子的一点点动态都要在我们的掌控之中。但我们累的时候，又希望他们自己玩儿，这是多么矛盾的心态。

学员 B：有时候满足过了，孩子不在意了，但有时候却变本加厉。

学员 C：我感觉好多问题背后的症结是一样的，就是不知道度在哪里，新的问题层出不穷。比如我们这次从老家回来，孩子新添了喜好：化妆。从指甲油，到文身贴，到小首饰。

学员 B：我女儿现在就很喜欢指甲油、化妆之类的。我以身作则，啥都不碰，但她还是喜欢啊！她超喜欢高跟鞋，今天早上替我选了双高跟鞋，要求我一定要穿！

左辉：我们来说度的问题。C 说的度，我觉得背后还是有个怕犯错的心理。没有谁能把度掌握得那么好。每个孩子性格不同，遇到的事情也不相同，所以具体操作中都是试过来试过去，不对再改，跟孩子学事情是一样的。没有一个标准衡量的度，让我们能够量出行为控制的准确性。唯一的尺度就是感觉——觉知自我情绪之后的感觉。

妈妈们对化妆和装饰的事情都很敏感，是吗？

同样的，这是“70 后”妈妈的通病，“80 后”的妈妈基本不问这个问题。因为“70 后”的妈妈，是性压抑的文化下长大的一代，那个年代，女孩子爱美是被人诟病和唾弃的。爱美这件事情，在我们从小的教育中，沾染了许多与道德相关的价值观，虽然理性层面觉得好像不对，但潜意识中，这种对爱美的压抑却无比沉重和严厉。我们经常说“臭美”——这是我们心里那个忍不住想制止孩子爱美化妆的声音，也是内心对自己无时无刻不在的指责和提醒，是整整一代人的心理创伤，虽然存在，但是不一定对。正如鲁迅先生曾说过的，从来如此，便对么？“70后”的妈妈们，在这一点上，要提醒自己放松，放开自己，也放开孩子，漂亮不是过错，漂亮也不代表没有脑子，不代表没有智商。大胆地让自己美丽，也大胆地让孩子追求美丽吧！

二、生活对性格的影响是久远的

1. 停止对孩子的单纯夸奖

左辉：我们来讲一点关于对孩子的夸奖。很多的理念告诉大家好孩子是夸出来的，我要大大地喊停——停止对孩子的单纯夸奖。

本来，孩子做了一件事情，他在过程中很开心，或者看到父母开心，他更开心，父母会忍不住地竖起大拇指，跟孩子说“你真棒”——这三个字流行好久了。孩子在事情中的快乐被冲淡了，被做了事情带来的夸奖冲淡了事情本身带来的快乐，孩子会慢慢地为了这些夸奖而去做事情。事情不再重要，夸奖才重要。

越来越关注夸奖的孩子会变得越来越讨好成人，要得到父母的夸奖，为夸奖而去表现。我们虽然允许孩子犯错，但是看到孩子有好的表现，我们立刻会忍不住喜形于色，这样就是在限制孩子——做事情不是为了尝试，而是为了成功。所以，我们实际上忍不住地用自己的欲望给孩子一种错觉——父母关注的是结果，不是快乐！而且父母关注的是好的结果，不是过程中获得的经验。

如果要表达父母的开心，只需说事情就可以了。比如，孩子做了手工，哪怕是一张贺卡，你不用说：宝贝，我太爱你了，谢谢你心里有我！这简直是废话一句。你可以说：喔，这是我收到的最可爱的贺卡，我猜你画的时候想了个故事对吧？

中国人很含蓄，本来是不擅长表达感情的，但是社会趋势变得越来越外向，逼着大家开始表达，中国人就只好特夸张特肉麻地充满感情色彩地表达。所以，要注意，亲子感情是天生的，表达应该自然，无须那么费力！

学员 E：我家孩子三岁半了，昨天和她一起摆磁力建构片，她爸爸夸了我一句：妈妈真厉害！因为没有接着说她也厉害，或者在她询问时没有及时回答，她就发脾气了。确切来说不是发脾气，是很委屈，哭了很长时间，说：爸爸应该先说我厉害！

之前我就发现这孩子太要强，比如每次我们说比赛谁先跑到井盖那里，她无论多累都会冲出去，而且必须是她赢。她好像一定要强调自己最棒，不允许别人比她强。

左辉：三岁半处于肛欲期内，孩子试图形成控制感，想要操控周围的一切。这样，她才会觉得在环境中可以自主，可以做自己想做的，这也是形成基本自信的必要阶段。

如果没有达到自己操控的目标，孩子就会非常愤怒和生气，本身出现这样的情绪状况，算是正常。问题是，为什么她一定要胜过别人呢？你们平时是怎么夸奖她的？

学员 E：“真棒，真厉害！”是不是太不具体了？有时候会说，“你看妈妈都不会弄，你就弄出来了！”是不是就更不对了？要不要我装作不会，让她教我的时候增加她的成就感？也有妈妈告诉我，说跟孩子玩的时候要适当示弱。

左辉：是啊，夸得不太恰当。夸孩子的时候，尽量不要夸棒啊、做得好啊之类，这么夸其实会有问题——夸奖让玩的快乐人为地转向了，变成了被夸奖得到的快乐。当孩子变得为了夸奖才玩游戏，慢慢地，孩子会依赖于这种夸奖，不再是因为喜欢或者快乐来玩，而是只为得到夸奖来玩了。

无论是示弱，还是夸奖，方法不同，本质是一样的，都是过于注重结果。夸奖她努力的过程，这本身依然是目的性极强的做法，都是“教育”名词下的方法，其实是不妥当的。与孩子一起享受玩的快乐，就可以了。

赏识放在心里就可以，不用总是用语言表达。真正的赏识教育，最初是用于类似有残障的孩子，或者自卑感极其严重的孩子，他们确实需要海夸狂夸。而对于我们这些捧在手心的孩子，不要这样去夸。

不要怕孩子生气和哭，这个阶段受些挫折是好事。不要试图用语言跟孩子说明白，毕竟很多时候嘴上说的是不要争第一，可孩子争了第一，父母也还是乐开花的，对吧？

与孩子一起享受玩的乐趣，放轻松。如果你想，你可以让着孩子，然后表现你的快乐，让她也有机会让你几次。你快乐，她也快乐，慢慢把孩子的注意力还原到游戏本身的快乐上，不要着急，这怎么也得花个一年半载或者更长时间，慢慢来，毕竟你们都夸了三年半了。

比如，孩子串珠子很快，不要夸孩子：你真棒，这么快！

而是夸孩子：哇，原来用你这个方法会这么快呀，我也试一试！老师，你教教我呗！

这两种说法看着差不多，表达的意思其实天差地别：前者培养的是竞争心，后者培养的是分享心；前者认可的是结果，后者认可的是能力。前者的认可是夸，是高高在上的俯视；后者的认可是承认和肯定，用行动来表示支持，孩子所感受到的感觉也是完全不同的。

一次两次不会带来多大的改变，但是一直用这样的态度，孩子就会慢慢地转变过来。所谓成长，就是陪伴嘛。

7. 最速曲线：人生的弯路不可避免

左辉：我记得微信朋友圈里有个很流行的动态图，讲最速曲线（见图1-1）的。两点之间有一小球滚下，不是从两点之间的直线上滚下最快，而是在最速曲线上滚下最快。两点之间的直线，是我们潜意识里希望孩子走的人生之路，我们希望孩子一生坦途。我们实际上也认为，两点之间直线距离最短，也是最快、最容易到达的。

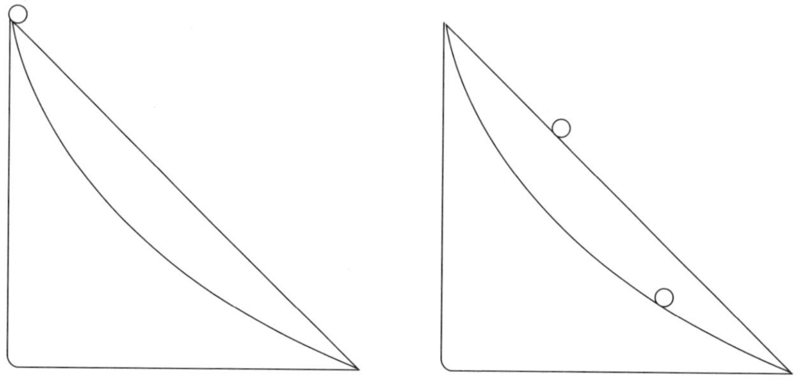

图 1-1　最速曲线

而中间的最速曲线，其实才是孩子人生真正的路途。要走的弯路，逃无可逃，甚至在这条路的起点和路的中间任何一点，一起开始的话，会同时到达路的终点。但在我们的潜意识中，却总觉得这条路那么长，那么远，弯儿绕得那么大，对吧？

所以，属于孩子的真正的人生之路，始终是要绕一些弯儿，这些弯儿反而是成就孩子的加速度，让他们未来可以走得更快。看了这张图，我想大家是很容易理解的。

物理学之于人类，是生活中无处不在的现象和哲学，并不是书本上枯燥的公式和定理。物理学实际上是哲学的一部分，所以，很多社会和个体现象与物理学的规律是完全对应的。

学员X：这或许也就是家长不能剥夺孩子经历挫折和失败的权利的另一种诠释。

左辉：人生之路上的这些弯儿，就是挫折。这种挫折，在心理的表现形式上，叫作创伤。

学员X：可是有多少父母能经得住这样的考验？明知孩子前面有个坑，而不让孩子别去跳？

左辉：人的成长经历中，所需要的创伤，是与生俱来的天性所决定的，也是他这一生需要完成的人生目标决定的。这个人生目标不是我们认为的学业有成等具体目标，而是这个人这一生，穷其所有，所要改变的自身灵魂的一些问题，比如信任相关的问题，比如爱相关的问题，比如女性身份相关的问题。

这些目标只要没有完成，他就会遇到一系列的事件，所有事件都会指向同一个问题、与他的人生目标相一致的问题。如果我们来类比一些事件，大家会发现，同样是摔倒，每个人在摔倒后出现的心理应激反应是不同的。

我很喜欢举的一个例子是：有一对父母，酗酒吸毒盗窃，最后双双被关到监狱里。他们有两个儿子，居然在成人后走上了完全不同的道路：一个成了律师，一个成了与父母一样的人，最后也待在了监狱里。采访这两个儿子的时候，他们居然说了同样的话：有这样的父母，有什么办法?

“这样的父母”是同样的创伤事件，但是两个儿子在面对同样的事件时，所表现的态度和解决的方式完全不同。所以，弯路是人生的真相，不停地犯错也是人生的真相，无论是父母还是孩子，我们都是在犯错中长大的。

也许某个时段你是不犯错的，哪里都夸你对。但换个环境，或者你长大后，才发现原来那个不犯错的自己其实犯了最大的错，在该犯错的年龄不犯错、该叛逆的年龄没有叛逆，老了想叛逆，成本又太高了。

学员 L：我可后悔呢，叛逆要趁早啊!

左辉：就是啊，在该完成某个品质的年龄段去完成那个品质，这才是不枉人生呀。当然，这个想法还是那个直线型的想法，其实是没有可能的，因为人都不是在真空里长大的。

人长大后的性格组成是：先天气质 + 后天环境 + 自由意志。

先天气质与每个人的人生目标相关；后天环境与原生家庭和社会环境相关；自由意志可完全是由自己负责的，作为你自己这样的个体，你即时的选择。

我们大多的成长轨迹实际上是处于直线和最速曲线之间，无论怎么走弯路，哪怕是倒着走，反正人生之路都会走到终点的，地球总归是圆的嘛！没见谁半路上倒着长的，就算倒着长，也还是有个终点的。只是，不要走出那么大的直角的转折，这个转折如果放在人生的体验上，是“惊涛骇浪”型的，也不排除有人就是喜欢这种折腾的活法儿，但是，这不是普遍性的，所以，大多数人潜意识里是不会采纳这种活法的。尤其是父母们潜意识里不希望自己的孩子活得这么“惊涛骇浪”。

家庭生活教育其实应该时刻准备着按照孩子的状况进行调整，让孩子最好能够处于最速曲线的轨道上，这当然是非常理想的状况。而实际情况是，大多数父母在教育上急功近利，正是因为老想跑到直线上去，搞得大家都那么辛苦和紧张。事实上，处于直线也并不能让孩子跑得更快。

拥有好的平台，一帆风顺地成长，也并不能保证让孩子完全成功。

让孩子成为自己，也正是这个意思。孩子有自己的曲线轨迹，有自己需要经历的人生，父母需要的是陪伴，不是强行扭转。当然，我的意思并不是说既然要这样，那干脆啥都不管了，由着天性疯长，美其名曰“放养”。那还跑来这个世界干什么呢？到这个世界，选择了这样的环境，无论是社会环境，还是家庭环境，选择了这样的父母，对孩子而言，都是为实现他的人生目标所必需的选择。所以，父母所能够自然给予的，就是孩子最需要的资源。不要总是觉得自己不是好父母，恰恰是我们成了自己，孩子才能站在我们的面前，以父母为镜，在与我们的互动中成为自己。

3. 家长要成为沃土，还是仍做岩石？

学员L：走过人生这么多岁月，现在觉得快乐才是人生最大的力量，我们怎么才能让孩子最快乐呢？

左辉：教育孩子这件事情吧，我始终觉得很多东西不是家长期望就能得到的。正好L问怎么能让孩子最快乐。那首先，我们自己是不是最快乐？而且，快乐的标准是什么呢？

学员L：我只是在想，我们想让孩子学这学那，真的是他们的意愿吗？能否放任由他们自己做主？

左辉：这个世界是辨证的，有快乐就必然有痛苦。二者相依相存，缺一不可。孩子带着他的天性而来，当然，也包括他自己的天赋或者灵性，来干什么呢？来与你对接。你是孩子的第一个环境，在与你这个环境的互动中，他的天性得以落地生根，得以长出幼苗。但就算你是沃土，你以为他就不会有问题吗？也许他嫌你太肥沃，让他展示不出自己的能力，这种抱怨和“如何接受这么好的沃土”就成了他需要面对的人生课题。

如果你是盐碱地，你以为他就会出问题？也许他就是为了锻炼自己而生，偏要找你这盐碱地，让自己茁壮、适应，还要学会接受你。反正，他成为你的孩子绝不是偶然，这种对接还是很有意思的。

学员C：那我们怎么接住呢？

左辉：你给出去的，你自己能够负责，需要反省，需要成长。但是，他怎么接受，如何理解，从哪个角度接受，那可是他自己的事情，我们不能够控制。

学员D：那为什么我和孩子对接得这么痛苦？

左辉：因为你不负责自己给出去的，却总想控制他接受的，这就是你的痛苦来源。

学员D：就是说我给出去的东西不好，我应该做的是给出好的东西？

左辉：问题的关键不在给出的东西上，在你自己身上。

学员 D：就是说我应该自身散发好的能量，是这个意思吗?

左辉：孩子一生的成长中，父母扮演的，就是脚下的土地。至于是什么土地，那取决于您自身的成长。如果是沃土，就让自己营养更丰富些；如果是盐碱地，就让自己生出坚强；如果是沼泽地，就让自己更加雾气蒸腾吧。

很多父母，明明自己是岩石，偏使劲把自己整成沃土，可叹你家孩子原本是照着岩石夹缝的苍松来生长的啊。我们很难知道孩子的使命和他未来能够长成的样子，以及他未来所要面对的是什么样的世界，我们那点儿经验对他来说，只是过去时。

学员 H："很多父母，明明自己是岩石，偏使劲把自己整成沃土，可叹你家孩子原本是照着岩石夹缝的苍松来生长的"，这句话我不是很理解，成长不就是为了变沃土吗?

左辉：每个人的天性、气质、特征是不同的。《中庸》开篇即说"天命之谓性，率性之谓道，修道之谓教"，简单一点来讲，如果你的天性是岩石，按照岩石的方式生活谓道；如果你是泥土，按照泥土的方式生活谓道；如果你是流水，按照流水的方式生活谓道。所谓教育，也就是让岩石成为岩石，让泥土成为泥土，让流水成为流水。

成长是为了让你按照真正的天性成为自己，而不是认为沃土是好的，就一股脑儿地把大家都变成沃土，这正是我们诟病现今教育的地方呀。

学员 H：如果本来是沃土，却结块成岩石的模样呢？我纠结的是，到底哪一个才是本来的我呢?

左辉：对于"成长"这个词，在初期的时候可以有一个具体的指向和期望，小一点没关系，错一点也没关系，无论想变成沃土，还是变成上树的猴子，都没关系。只要真的开始了，你的心会慢慢指引你，带你走向你内心真的愿意到达的地方。那个地方，不是我们以现在的心境能够想到的，所以适当保持开放，不要连成长都想要控制，控制走向，控制未来，给自己设限。要记住哦，你永远不是你现在以为的这么一点点而已，你有更加未知的自己，更广阔，更灿烂。

这个态度，同样是我们对于孩子的态度。对待成长的自己，和对待成长的孩子是一脉相承的路径，过于设定未来，只能形成更多局限。

4. 家长，你养育的是未来世界的主人公

关于孩子上幼儿园的分离焦虑，我们讲孩子的感受讲得比较多，实际上，父母或者爷爷奶奶也会同样出现分离焦虑，当然，我指的是跟着父母一直照顾孩子的老人。缓冲对大家都有好处，如果没有缓冲，孩子要是再哭得厉害些，大人内心就会充满愧疚和自责，反过来想尽方法对孩子多哄些，再好些，特别是老人最容易心软，这样反而会让孩子更觉得父母对不起他，父母就是故意的。

这里我说的是潜意识的活动，上学再来一次这样的活动，孩子内心的印记也就形成了。当然，狠心一点也可以，反正我们当年也是这样被扔进幼儿园的，而且应该也没哭得太厉害。为啥呀？不敢呗，我们哪有这么大的胆量？

所以，“70 后”或者更早出生的人，可以回观自己，当年你的工作没

有三险一金，你敢吱声吗？你不敢，领导对你恶语相向，你敢回嘴吗？你不敢。

但是到了“80后”，他们敢了，他们敢要求权利，在还没干出成绩的时候，他们敢跳槽，虽然之前的工作看起来还不错。福利和民主就是靠这些我们眼里“不靠谱”的孩子争得的。因为小时候他们得到的爱比我们多，因为比我们稍微多了一点点被尊重的爱，所以，他们敢于对不公平的世界怒吼，敢于抗争，更敢于改变，也相信能够改变。迟迟早早，这世界要交到他们手里，无论我们怎么鄙视，我们也跟不上他们的进步了，这就是爱的力量。

要问幼儿园一个小小的入园，就有这么大的作用，就可以推动社会的进步？我告诉大家，是的。这个小动作，标示着下一代的孩子，受到更多关注，所以更加注重自身的幸福，更敢于向外界索要自己的权利，更敢于享受作为一个现代人原本该享受的生活。

养育一个孩子，父母要有这样的想法：我们养育的不只是自己小家庭的孩子，而是未来这个世界主人中的一分子。他或多或少要参与到未来世界的建设和发展中去，不仅仅是作为一个个体的人，有一份养家糊口，也许还糊得不错的工作而已。

未来的世界格局会有很大的变化，完全是我们不能想象的变化。而我们孩子的未来，不可限量。不要用我们目前的局限限制了孩子的未来，那是我们想象不到的世界。

三、性格对学习的影响是不可忽视的

1. 性格、能力与成绩三位一体

有个妈妈问我，小学的孩子，如果关注孩子的性格培养，不关注成绩，是不是孩子会快乐很多呢？

我要回答，不是的。这里似乎有个误解，关于对性格的关注和对成绩的关注。我讲的是，家长内心要关注的主要是孩子的性格培养，但是成绩不能不关注啊！只不过性格是第一位的，能力是第二位的，成绩是第三位的，我们可以不要因为成绩而施加更多压力，但是必要的压力不能没有。

还是要督促孩子按时完成作业，还是要督促孩子集中注意力听课，还是要督促孩子考出好成绩。如果孩子没有做到，我们可以帮助他一起分析，可以找找原因，同时表达下我们的遗憾，同时也说出我们的鼓励。至少让孩子知道我们的期望，只是别把这个期望变成误解——孩子会误解成我们好面子，才要求他们好好学习。作业，听课，成绩，这些都是与学习相关的途径，不是学习本身，但是途径也不能丢掉。

家长们经常犯的错误是：成绩第一，能力第二，性格随便，好像成绩与性格、能力是对立的。其实，性格、能力与成绩是三位一体的存在，我们甚至可以用孩子一年的各科成绩来分析出这个孩子的性格特质、家庭培养模式，还可以推算出这个孩子的思维模式，以及将来适合的工作。成绩仅仅是性格和能力的表现，是能够被我们看到的性格表象。

那么有的家长会问，我家孩子门门功课都优秀，是不是也能分析出性格？我要说——能——你们信吗？真的能。而且从孩子的成绩中，我们甚至可以看到父母的感情状况和互相的交流模式。所以，孩子的成绩是性格、能力综合的表现，如果只盯着成绩，不关注性格、能力本身，势必会对孩子的性格造成重压，也就为将来的爆发埋下了伏笔。

能力不是唱歌、跳舞、轮滑，也就是说能力不是学会什么，而是会用自身的什么力量去学，怎么管理自己，怎么激励自己，怎么从不满意的状态中改变自己。不可否认，唱歌、跳舞、轮滑可以促进能力的培养，但是像成绩一样，这些是能力的表现形式，是技术，不是能力本身。

父母们对成绩的期望要放得长久些，越是小孩子越如此，不要太在意成绩的起落。目标要有，允许起落，把注意力更多地放在能力的养成还有性格的塑造上。

7. 家长的爱可靠，孩子的学习就可靠

左辉：又是一个大晴天呀，虽然天渐渐地冷了，蓝天下金黄的叶子在风中轻抖，瑟缩着，但是我的心情还是蛮舒畅的。秋天真是北京最美的季

节，我昨天遇到一个出租车司机，他竟然在车上跟我聊："你看，路两边的黄叶多有层次，美死了。"我一时都没反应过来，一开车的大老爷们，居然这般浪漫，不多见呀，我印象里北京出租车司机一般特别爱谈论国家大事来着。

林大这边无论校园还是家属区，树上通通挂着牌子，写着名称和种类。小区里柿子树上金黄的柿子挂在枝头，掉在地上的柿子都烂了；海棠也黄黄地独个儿在枝头热闹。人来人往的，似乎只有我注意到了，我觉得好可惜。问题是大家都这么自觉，我也不好意思去摘。我还研究了下，以现在的身手还有可能爬上去，动作和角度都研究好了！

顺着这个话题，我讲一讲让孩子爬树的事情。

有一次，我送朋友儿子一架小飞机，孩子嘛，总归是兴奋的，在楼下急着放飞，然后飞机一下子飞到了自行车棚顶上。孩子拿不下来，他身高一米八的父亲居然也没辙！大家集体在车棚下发愁！要不是怕他们难堪，我就自己爬上去了！爬树上房这种事，小时候就开始干了。后来，还是小区的保安爬上去给取下来了。

孩子的感觉统合能力应该是在摸爬滚打中锻炼出来的。绑个小棍子，钉个破木板，挖个地洞，爬树摘果，上房揭瓦什么的，这些原本都是孩子的玩趣。但是游乐场的项目不算，那没有主动参与，只是被动享受，是不一样的。主动参与的时候，注意力都在动作上，参与感很强。自己付出努力得到的快乐和完全被动接受所有的感觉，绝对是不一样的。

孩子们的学习也同理。主动参与的学习，就算有困难，也是好玩的。被动的学习，无论多么舒适，感受到的大多是晕和累。我有个学生，带中学生学压强和压力的时候，干脆带着孩子们玩推手，后来这都成孩子们的必玩游戏了，推来推去不厌烦，一直搞不明白的压强和压力，很快就懂了。

学员 W：想起我儿子小时候写的一些作文，没有过多的感受描写，有时候会用具体数字。但是他数学其实不好，而且他不会在生活中算账，比如平时给他零花钱，他放在兜里，今天让他去买菜给他十块，回来算账时他一定只告诉你哪个兜里有多少，而不是花多少、剩多少、应该找回来多少。

左辉：数学的很多能力与感觉统合是一致的。数学并不是完全的理性思维，数学学得轻松的人，其实是相当感性的。你家儿子，有些关键的力量还没有释放出来，再等一等。你不会想象得出来他究竟是怎样的性格，你会看到惊喜的。

他是决策型特质，不是管理型特质。另外，他是目标导向的，不是过程导向的。所以，他的问题都出在过程上。

学员 W：他主动吸取各种知识这点比我强。

左辉：还有比你强的，只是你还没看到。等待，等待，花会慢慢开。

学员 W：比我强太好了，早点来吧！不开花也没事，长成大树更好，我就是有点着急。但是等的时候能做什么呢？总不能干等吧？

左辉：我发现，初中的妈妈是最着急的。孩子成长得确实缓慢，妈妈们，把目光收回来，放在自己身上，去做自己喜欢做的事情。不能总是说，等孩子大了，我就能去……等他大了，你就走不动了，也没法貌美如花了。

学员 W：是啊，孩子初三了，生怕去不了好学校学坏了。

左辉：不会学坏的。你要相信孩子从小所受的家教，你的给予是非常正向的。

学员 W：那也会有太多诱惑，周围环境也很关键呀。

左辉：青春期正是孩子开始研究外界、关注外界，同时跟外界保持各种交流方式，寻找自我的关键时期。没有诱惑，怎么练习保持独立呢？荷花能够出淤泥而不染，是因为种子是荷花。你在孩子心里种下十几年的价值观，可别小看了。

把规则和底线清晰地呈现给孩子，当他是成人般，与他平等对话，允许他自己做决定，就算错了也没有关系，错了再改呗，大是大非能够明白就可以了。

为什么那么多出去读书的孩子都出问题呢？就是因为在家里的时候父母管得太多，环境太单纯，他们基本上没什么选择权，也没有从淤泥里长出水面的经验，全被父母包办了。到了国外，那可真是自由，学生之间乱七八糟的事情也多，沦陷在所难免。

有个方式，大家可以试一试。把你家孩子从小学开始，每年比上一年进步的事情列出来，一直列到现在的年龄，你看看孩子的学习力到底有多大。有多少能力，是你意识到了，主动干预培养后做到的，有多少不是你培养的，是人家自己养成的。自己列一列，看一看（见表 1–1）。

表 1–1　一个小学生的进步表格

时期	做到的	期待做到的	特别事件
一年级	完成作业，上课	不迟到、按时、书包整洁、主动做作业	想交朋友
二年级	书包整洁	不迟到、按时、主动做作业	没有朋友
三年级	书包整洁、部分按时	不迟到、不走神、参与集体活动	没有朋友
四年级	书包整洁、部分按时	不迟到、不走神、记笔记	有朋友

（续表）

时期	做到的	期待做到的	特别事件
五年级	部分不走神	不迟到、大胆表达	有好朋友
六年级	不迟到 大部分时间不走神、成绩提高、部分大胆表达	按学习或者活动计划执行，积极主动参与集体活动	有好闺蜜，成绩提高

顺带提醒大家一下，任何能力都具有两面性。只不过用得合适就是好的，用得不合适就是不好的，没有一种绝对的能力只好不坏。

人为养成的我们认为好的能力，反过来可能影响了其他的方面；我们一直想灭掉砍掉的某些不好的特质，可能反过来在另外的角度就是非常好的。人生从来不是计划出来的，你给的爱如果真实可靠，你的孩子就是真实可靠的。

孩子的进步总是需要时间的，一些能力的养成也是需要时间的，一旦养成了，就会一直保持着，而且会越来越出色。表 1–1 中是一个真实的案例，比如保持书包整洁，这是自我管理能力的一个体现，妈妈发现孩子不能保持书包整洁，是因为卷子、通知这些纸片文件一类的东西比较多，在书包里乱七八糟；后来，妈妈帮助孩子一起想办法用不同的文件夹归类，之后孩子的书包就很整洁了。

不要小看这个简单的归类方法，这与在生活中收拾零碎物品、做事情分项目管理是一样的逻辑。这是归纳分类法里非常基本的一个方式，大的书包好像一个大的标题，每一个文件夹是一级标题，文件夹中的内容是有同类特质和使用范围的东西，方便整理，也方便查找。这也是最简单的逻辑树思维方式，培养这种思维方式，对日后理科的学习，极有裨益，同时，对自我管理及事务管理，都非常有用。

3. 学习能力是人与生俱来的本领

有家长问我对早教的看法。早教这件事情，在孩子刚出生，甚至还在妈妈肚子里的时候就是存在的。妈妈的情绪快乐与否，对肚中的孩子是有很大影响的，妈妈情绪不好，出生后的孩子大多会很折腾。我见过很多准妈妈大着肚子听着早教音乐，我问，你喜欢这个音乐吗？妈妈说，不喜欢，但是这是早教音乐啊，专家说的，对孩子有好处。我说，你听了开心吗？妈妈说，不开心，有时候烦死了，但是专家说的啊，对孩子有好处，只要对孩子有好处，我吃点苦没什么的。我说，你不开心，这么烦躁，孩子会开心吗？妈妈说，他听的时候闹腾，我以为是他开心得手舞足蹈呢。

所以，早教是可以的，有些也还蛮好，只是商业社会的一些弊端，使得有些早教功利心太强了。不光是早教这种方式有功利心，交钱去进行早教的家长也是有功利心的。商业无处不在的时候，教育技术被单独提炼出来成为挣钱的门路，这就有问题了。

我们小时候也没啥早教，长得也还不错，是吧？

很多父母去参加早教，大多是为了让自己心安，觉得有一种培养精英、为孩子全力以赴的感觉了，嗯，花的就是心安的钱。

父母要让自己心安，从怀孕开始，到安胎，到出生，到整个的成长，心安都是很重要的父母修炼。自己做不到心安，总是想从外界寻求让自己心安的因素，暂时这么做也不是不可以，但不能一直这么做。如果做了父母，却一直不能心安，那就好好学习，找找方法，让自己先心安，再琢磨怎么教育孩子。

父母去报早教班，还是试图想让孩子学点啥，开发智力，开发潜能，等等。还没进入人类生活，已经打算往“成仙”的路上引了。所以，父母都是做人不心安，“成仙”才踏实。

那我们讲讲想做人的话，要进行的家庭生活与学习吧。

孩子天性中本身就具备学习能力，这是人与生俱来的本能。

人要长大，适应这个世界，无时无刻不在学习。我们一般所谓的学习能力，大多指学习课本知识，或者我们所认为的社会普遍公认的学习能力。但这只是非常小的一个能力，而且这种学习不是真正意义上的学习。

生下来，要用眼睛，再用意识认识父母的脸，要听懂他们的“鸟语”，那得用多大的劲儿啊！我们自己体会一下，如果从来不懂火星语，把你扔到火星上，啥都要依靠人家，你害怕不？身无寸缕，还要生存，有人还对你寄予厚望，压力大不？所以，一生下来，我们就在学习，各种学习，所有的感官都参与的学习。

从听懂语言，到开始认识周围事物，到开始控制自己的行动，到与周围进行交流，这都是慢慢学习来的。孩子每个成长阶段都有要完成的任务，有需要培养的品质，这些品质形成的程度，决定孩子的性格和他今后学习的方式，甚至学科的成绩。

爸爸带得多的孩子，大多数学和物理会好些，也更富有冒险精神；妈妈带得多的孩子，文科会好些，艺术感受力也更强些。这背后折射的是思维方式的差异，保守与冒险的差异。当然这并不是绝对的，爸爸更文艺，妈妈更理性，其结果就会是相反的。当然，这与孩子本身的先天性格特质也有关系。

另外，孩子如果在学校的学习出现问题，与性格本身也会有一些相关，甚至，还有可能是家庭的问题造成的。比如，夫妻之间的矛盾，在孩子的学习问题中也会清晰地表现出来。有个家庭，父亲在外面狂挣钱，母亲全职在家带孩子。这也是当今中国社会挺普遍的一个现象。母亲是高知阶层，学习很好，学业优良，如今全职在家，心里多少有些价值失落感。所以母亲对孩子非常严格，事无巨细，一律过问，生怕孩子教育不好，那不是连一点点成果都没有了，自我价值感要低到尘埃里去了吗？这个孩子跟母亲怎么抗争都没有用，孩子屈服了。屈服的结果是孩子学每个单元都还好，一到期末综合考试就“歇菜”。这是为什么呢？

这个孩子缺少生活中对实际复杂问题的安排，这些都由妈妈代劳了。总有一种声音在说——孩子，你只管学习，其他事情都不要你操心！孩子的综合能力没有机会施展，没有选择权，没有决策权，想玩想罢工只能靠撒娇耍赖，没有机会主动为自己选择任何事情。呈现在学科上，就会表现为综合题目中需要的选择能力、抓大放小的能力、聚焦的能力通通没有，当然考不好。

那么夫妻之间有什么矛盾呢？夫妻之间沟通显然是不够亲密的，妈妈才会将希望全部放在孩子身上，一颗红心全部用到孩子身上。为什么妈妈价值感这么低？爸爸们，你们辛苦打拼，是有人为你叫好的，而家里那位——你身后的女人，没有人为她叫好，特别是——爸爸们，你们也没有叫好！

我强烈建议这样的家庭，每周有一天放妈妈出去，让她逛街喝咖啡找朋友玩儿，爸爸在家里陪孩子一天，洗衣做饭收拾家务，好好感受下，在家里是不是舒舒服服没啥大事还弄不好孩子。

4. 写好作文与日常表达之间的关系

学员 L：我家儿子读过很多很多书，为啥写篇作文那么难呢？磨蹭好长时间，才写那么一点，而且写得很幼稚。但是很小的时候，他都能写很长的作文，写得很好。

老师其实什么都没有限定，并没有要求特别死板，咋看上去就这么难呢？我找到一篇他的作文，请左老师给看看。

案例

重庆最好的温泉——南温泉

重庆的三月一点也不热，温度在 19 度左右，这个温度非常适合泡温泉。

爸爸说，重庆有个南温泉，是一个非常好的温泉，值得过去泡。我一开始想待在宾馆里，不想出去，可是连妈妈也觉得可以过去泡。所以我只好去了。一路上很堵。过了三四个小时才到，和北京一样堵。

进去之后，要领一个夹子和一个和卡一样用处的东西。每个夹子和那个东西都有号。我的号是M0，爸爸的号是M1，妈妈的号是F5。都是超巨星的光谱类型。有两个温度不一样的池子。因为它们只隔了一层玻璃，所以我觉得它们在平面图上算是一个整体。和其他池子一样只有一个编号。我看了一下平面图，还真是。俩池子都是A3。我进39℃的池子的时候一往下蹲就觉得烫，只不过一点一点很慢地往下蹲就不觉得烫了。因为39℃还是太热，所以我泡了5分钟就又换到36℃的池子里了。我泡了一个37℃的池子，把中药袋当成球和妈妈踢球。我进了5个球，妈妈踢进了4个球。我和她只差1个球。我还去了一个39℃、中药袋里装的是花椒的池子里洗花椒浴。就是把花椒当作毛巾往身上搓。

洗完花椒浴之后，我们就要吃晚饭了。晚饭里的很多菜都是辣的。有一道菜是烧甲鱼，比我家的辣椒酱还辣，是我最高可忍受辣的程度的175%，喝了好多水都没有用。

今天虽然没有下载游戏，但是泡了三个小时的温泉更有意义。

左辉：满篇的数字呀！这孩子写说明文会很得心应手。数学思维的孩子，写作文的时候容易忽略感受的表达，孩子作文中所有的感受都是蜻蜓点水，一带而过，他对数字的敏感超过了对事物和人的观察，这是孩子的特质。这种特质的孩子，逻辑性、思考性都很强，甚至有时会滴水不漏，但是在与人的交流和表达中，会显得有些质朴和简拙，生活中要对感受性的表达多加注意。比如你们一起出去玩，你可以有意识地对某个你感兴趣的事件表达你的情绪，然后诱导孩子一起表达他的情绪和看法，不要做任何评论。

在同龄人的人际交往中，这种特质的孩子容易受到挫伤，他会遮掩这种感觉，以至于父母都觉察不到。久而久之，孩子会退缩到理性思维中去，变得没有感觉了。

学员 L：通俗说是情商没智商高吗？

左辉：这倒不是，这种孩子比较有特点，智商是很高，所以他的关注点往往不在人际交流上。如果真的愿意把关注点放到人际上，往往在这个层面也会有令人惊讶的天赋。

这篇文章结构还好，也有感受性的描述不时地冒出来，但是在整个事件中，感受是以点的方式存在的，不是连贯的。而我们一般人，感受大多是连贯性的。对数字的描述可以看到这个孩子细致的一面，但是同样，所有的叙述都是断点式的。

家长要注意培养孩子目标性的品质。一方面在生活中注意这一点，一方面在帮助他描述一个感受时，要清晰每个感受对事件的影响，以及在事件中所起到的作用。

学员 X：那左老师可以讲一下怎么写作文吗？

我们讲作文前，要确定一个目标：是应试作文，还是将来能拿出手的文章？

比如，萧红的《呼兰河传》，如果放在五年级的作文要求中，那会是很低的分数。因为五年级了，老师会要求大家写记叙文，而萧红的文笔怎么看都是散文，虽然她写的是小说。

如果是学校要求的作文，其实蛮好办的，现在有一些关于小学生作文的杂志，把里面作文背会就可以了。按照题目把背会的作文套进去，人物地点时间改成自己家的足矣，肯定得高分。

但是，你们可以看看一些小学生作文杂志，那里面的描述很多都是成人最喜欢的表达方式，我不认为那是孩子的真实情绪。如果不能够表达真实情绪，如何要求孩子们写出优美的作文呢?

而孩子所表达的真实情绪中，总有些是成人的价值观所不能接受的东西，我们对这样的表达抱持的态度就很重要了。文章是表达能力的一种体现，从直白式的表达方式，到迂回婉转，到控制自如，有很长的路要走。当然，文章能写好，作文也就不在话下了。

直白的表达方式是文章的初级阶段。不要求文字长度，不要求修饰，不要求全面，能够将自己一点点的观察或感受清楚地表达出来就很好了。

文章写不好的孩子，大多表达能力有些弱。有些是不擅长表达，有些是对自己的情绪感受混沌，有些是与外界的交流有隔阂。直白的表达方式，意味着孩子可能容易忽略情绪，自身微小的一些感受被压抑，同时在与外界的交流中，对别人的情绪关注不够。

这样的孩子可以做一些小的练习，一起玩或者做一件事，不要多大的事，哪怕是逮了一只蝴蝶，把这个过程细分，每一个环节都跟他聊，突出其中的感受成分。试一试让他用几句话把这种感受描述出来。当然，一开始的描述语言完全是你们聊出来的原话。一定不要贪多，慢慢来，这种描述能力的提升，同时伴随的是孩子感受力的提升，也会在与别人的交流中体现出来。慢慢地，他就可以自己发挥出一两句原创的话了。

当孩子可以小段地描述自己的感受后，再开始比较完整地叙述一个事件。当然，也是从小事件开始。有些孩子的节奏会慢于老师的要求，别着急，有苗不愁长，循序渐进的训练会让孩子慢慢跟上来的。

学员L：好办法，是不是可以用在小宝宝的语言训练上？

左辉：除非孩子是两岁以下还不能区分日常的情绪，否则不要教七岁以下的小孩子描述这些事物。

学员L：为啥？

左辉：孩子在人生初始对世界的认知是伴随天性自然产生的，能量远超我们的想象。创造力的种子蕴含其中，不能用我们以为的感受和描述来束缚孩子的想象。

学员L：那写作的笔法从什么时候开始就有了？大人要引导吗？还是像绘画一样顺其自然，十二岁后再教其技法？

左辉：不要引导，千万不要哈！能够真实地表达内心的话语，就会是一篇自然天成的美文。我们只要教会他们感受流畅表达即可。我们教的只是语言文字这种工具的使用方法，至于技巧，让孩子们自己去摸索，他们会形成自己独特的表达方式，非常美，绝对超出你的想象。

附：盲目自信学数学

——家长公益大讲堂　刘勇老师

学员A：老师，开一节如何培养数学思维的主题课怎么样？我是觉得女孩子普遍理科不强，所以想提前渗透。可我家孩子不喜欢串珠，也不大喜欢积木，就喜欢扫地、拖地、把柜子的衣服翻出来，就喜欢破坏性的游戏。

刘勇：挺好的。你家孩子说不定数学好。串珠与积木跟数学没什么关系。

我在教学过程中发现，小学阶段，孩子只需要保持对数学的基本自信就好。数学实际上是一种认识世界的工具，也是一种视角，一种思维。我们常见的理解是，数学是极其理性和有逻辑的，但数学实际上是非常感性的。比如黄金分割，比如函数，比如曲线，比如之前大家分享的最速曲线问题。

孩子们在学数学的时候，就是在学习和训练用数学的视角，用数学的思维来看待问题，在这个过程中，不同的孩子会遇到不同的理解问题。大家千万不要以为数学好就一定是数学思维好，也有可能是训练得好。所以，小学阶段教数学，就是要耐心找到孩子理解语言与数学的连接点，然后建立连接。

根据北京的中高考改革方案，以及现行教材的改革思路，数学学习以关联性思维为主。具体来说，就是微观联系思维与宏观联系思维的相互切换。现在中高考题型的解答方式就是这样。比如，孩子要理解0这个概念，这是理解负数的基础对吧。那你说七八岁的孩子能理解0吗？或者说老师家长们的理解又是什么样的呢？

0这个概念到底是“有”还是“没有”？这是孩子的第一个困惑。有0这个数，而且在数学中还非常重要，但0在生活中表示“没有了”。这个思维跨越我们能感受到吗？有的孩子遇到这个问题时，即使不能理解也不会纠结这些困惑，但有的孩子就会纠结。这一纠结，就落下了。

不纠结这些困惑的一般是直接性思维，属于点对点的，这类人执行力非常强。纠结的人有可能属于策略性思维，慢是慢点，但宏观联系思维非常厉害，适合做大事。

学员A：我对学习有个很消极的想法，就是学习好又能怎么样？数学好不好重要吗？有时候也着急孩子怎么就学不会，可是冷静下来一想，我从小学习好，现在也没觉得就怎么样啊，该还给老师的都还了。

刘勇：你得理解你家孩子，不同思维有不同特点，这是第一；第二，教数学得真正懂数学，懂生活。当孩子遇到数学时，即使他不会，也要在你的耐心理解与共情下，对数学有盲目自信。说是盲目自信，怪吓人的，其实是要家长自己自信。不管你家孩子数学考几分，你都从心里觉得没事儿——我家孩子不可能学不好的。

学员X：自信怎么表现？鼓励相信她能够学好数学？

刘勇：不用鼓励。你不焦虑就行。

学员A：看不出我家孩子是你说的点对点的直线型还是纠结的宏观策略型……

刘勇：你家孩子几岁？

学员A：八岁。

刘勇：八岁即使看得出也不要看，顺其自然。十三岁以下的小孩不做任何评价式判断。

遇到不会的问题的时候，孩子只需要有一种品质，就是不轻易放弃。其他的就别管了，他们自己会琢磨。

关于前面讲的“连接”，有两个办法。一是让孩子自己搞定，这个过程需要家长耐心、接纳与理解，不要用自己的情绪过多干扰孩子；二是引导孩子，尊重并发现孩子的思维特质，感受孩子的思维状态，感受数学。

这个过程中也会有很多误区：

第一，假不管。假装不管，实际上特焦虑，孩子知道你焦虑。

第二，不会管。其实不知道孩子问题出在哪，根据自己的判断假定问题，然后解决假定问题，孩子只能无奈地看着你。

第三，管不了自己。被自己的情绪干扰，没想过问题，只是不爽不开心很愁苦很焦虑。

其实这些误区会产生，在于我们的内心想法有偏差。当我们不认为数学是个问题的时候，就不会出现这个问题。所以，不要再有女孩子学理科难，家长数学好孩子理应数学好，家长数学不好孩子可能也吃力等这些不假思索的偏见！

我们中国落后于世界其实就是从数学中的函数部分开始拉开差距的。数与形真正的融合与统一使形全都可以代数化，这是机器产生的数学基础。

中国为啥一直是手工业为主呢？就是函数与坐标系这个基础问题没有成体系地解决。国家教育正是看到了这点，所以现在初中和高中数学完全是以函数为核心的。理论层面重视了，但是执行层面断层。希望我们的孩子学得更透彻，也希望更多学得透彻的孩子能够把知识真正应用于实践。

第二章

与人交往

——人际关系是人生的一大课题

所谓家庭教育，就是让孩子好好在生活中成长，按照孩子的本性、按照家庭的特质，面对和解决，成长与同行。家庭生活中，与人的关系是非常重要的一个部分。

与人的关系简单一点，我们可以分为小家庭内部的关系、家族关系，以及与学校的关系。夫妻之间，亲子之间，兄弟姐妹之间，都是小家庭内部的关系，是影响一个人终生的最重要的原生家庭关系。与亲族的关系，祖父母的关系，都属于家族关系，同样对一个人的成长是有影响的，只是没那么明显。与学校或者幼儿园的关系，包括与老师的关系，与朋友、伙伴、同学的关系，这都是孩子成长历程中，或多或少避不开抹不掉的影响，在性格中也或多或少地存在一些痕迹。

一、家庭关系

1. 家长爱孩子，也要爱彼此

我看到有些妈妈讨论，有了孩子，对老公的依赖感减少，对爱的需求似乎也没有那么大了。在孩子出生后最初的几年，母亲的关注力会转向孩子，这是很自然的反应，因为这种与孩子的互动，也是一种心灵相依。

人对于心灵相依的感觉，都会产生依恋甚至迷恋，类似的还有来访者对心理师的迷恋，专业中称为“移情”：如果一个人比你还要懂你，不用说那么多废话，就很清晰地知道你需要什么，又完全接纳你的任何感觉，你怎么可能不爱上他呢？来访者对心理师的迷恋，如果引发了心理师自身的情结，心理师也爱上了来访者，这就叫作“反移情”。产生移情与反移情在心理咨询中是难免的，所以咨询师有伦理道德规范，来约束这种情况所产生的后果。

母亲对孩子的依恋，有一点点类似于后者，即“反移情”，但并不一样。孩子是母亲创造的伟大杰作，是母亲十月怀胎、相互依存才生下来的，孩子与母亲之间有一种天生的连接关系。当孩子来到这个世界，母亲基本是他唯一的依靠。当他小小的身体无比信赖地靠着你时，当他吃饱、小手抓着你满足地睡去时，那种被信任被依赖完全被需要的感觉，实际上是非常幸福的。而且，如果母子关系没有异常，孩子就只要你一人，天底下就只要你一人，那种感觉，是哪种爱情能够给予的？

如果是自然分娩，在孩子生下来的瞬间，很多母亲都说过会有高潮体验，而且那不是一般的高潮能够带来的快感。还有些母亲，在给孩子哺乳的过程中，也会体验到性的快感。无论是性，还是生孩子，还是最初的养育，生命力在最基本的呈现中用了不同的形式，其背后的真正源头都是生命力，而生命力与爱其实是一脉相承的，没有生命力的爱不大可能是真正的爱。所以，有了对孩子的爱，丈夫的爱就不那么重要和唯一了，这也是生物体出于养育孩子的需要所必需的模式。妈妈是“粮仓”，是孩子赖以生存的唯一，所以妈妈势必要强大独立起来，以备万一出现问题，能独立支持孩子的生命成长。当然，现代社会如此发达，实际上孩子对母亲的依赖已经没有那么纯粹，但基于自然属性的特质还存在着。

从父亲的角度而言，有了孩子之后，父亲的责任和压力实际上也就更大了。如果夫妻两个人深入沟通，大家会发现，妈妈的视角大多在当前的养育和各种感受与情绪中，爸爸的视角大多会在未来的发展和目标中。对于和丈夫相处的模式，我个人觉得没什么标准而言，就看你们自己接受哪一种形态。

我刚才讲的仅仅是普遍性规律，基本上是大家都可能遇到的状态。有人干脆就这样了，直接将爱情转变为亲情，有人一定需要爱情，有人两种都需要，这取决于自己。不过，有个问题是，你要确定你到底想要的是什么。

有了孩子之后的生活与之前肯定不同，我理解很多妈妈其实并不是需要丈夫天天说“我爱你”，她们更希望的是在生完孩子、体形变化后，依然有爱；在自己累的时候丈夫能够帮忙，能够用实际行动表示宠爱，能够记得这女人不光是妈妈，还是一个女人，也还需要美丽，也还需要安慰，也还需要宠爱。

而女人的美丽往往是丈夫支持才能有的。不是口头的支持，是能够在一起出去玩的时候，爸爸抱孩子，背背包，妈妈得以穿得漂漂亮亮走在旁边。因为小孩子皮肤嫩，抱孩子的大人身上不能有金属拉链、不能有装饰物、不能涂指甲油、不能化妆。这些细节，有可能爸爸们是不知道的，妈妈们表达需求的时候，又往往带了一些情绪，因为她们认为爸爸们应该知道，其实他们真的不知道。所以，告诉他们的时候不要抱怨，不要用“你怎么会不知道”的口吻。

父母双方共同进入爱情实质阶段的起步，共同完成一件创作，这创作便是爱情的结晶——孩子。养育的过程中，如果落地为实，又要兼顾双方爱的感受，正是我们人生修行的重要部分。

7. 怎样让丈夫和父亲的角色归位

学员 S：左老师，目前的国情是孩子大部分都由母亲照顾和教育，父亲缺失，如何有效地借力弥补呢？

左辉：父爱要怎么补呢？要么家族离得近些，经常能在一起，要么朋友圈互动多些，而且需要朋友圈有男性，这也难吧？

如果父爱缺失，有些东西的确补不回来。与其想怎么借力，不如想，家庭未来要过什么样的生活，怎么让丈夫和父亲归位，这个更有效也更直接。

家庭生活是需要有一个基本规划的，需要两个人一起坐下来商量，互相妥协，达成一个大家都能够基本满足的状态。以家庭的角度来考量，而不是以个人的角度来平衡，这一点很重要，这是参照系的问题。以家庭为参照系，不要以个人为参照系，否则无解。

学员 S：国外的家庭模式能在哪些方面带给我们参考呢？

左辉：先不要想国外的哪些模式可以参考。我们先从自身出发，找到自己喜欢和适合的模式，再考虑具体细节上的参考。否则自己立不住脚，一参考，就想全盘西化，连锅端掉自己的传承，最后也就闹成现在这个样子了。社会环境不同，结构不同，生活方式不同，文化背景不同，可参考的地方是很少的。参考不到，还弄得自己各种纠结，不如想想依照我们的现状，怎么过好自己的生活吧。

另外，如果两个人没办法坐下来商量家庭的基本规划，不是个性问题，也不是沟通问题，而是两个人的心没有同在家庭这个阵营，那表示两个人的感情可能出现了状况，这时候，家庭问题不过是个幌子，真正需要面对的是夫妻两个人的感情状况。

3. 家庭生活是动态的平衡

案例

昨天我们家爸爸又和孩子对咬，还带头不相互道歉。后来孩子道歉了，他还气呼呼地说，“就不说对不起，谁让她先咬我的！”……面对这种情况，我已经很淡定了，因为我们家爸爸有一颗以暴制暴的心。

我们家爸爸逗孩子玩儿，有时候就喜欢咬她，对着咬，最后他自己急了。

因为孩子在幼儿园抓过别的小朋友，所以我曾经告诫过他不要再和孩子玩暴力游戏。

我问他：“你这么做解决问题吗？”他说：“解决不了，你说怎么办吧！”

后来我问孩子能保证以后不伤害爸爸吗？她说，不能，她觉得好玩儿。我说我要保护爸爸，要隔离他们俩，咬着太疼了，很难受。孩子不乐意，要哭。

我当时是很严肃认真温和地说的：“你不想分开，想睡阳台是吧？可是你不能伤害爸爸呀！”

孩子问住阳台能吃饭吗，能出去玩吗？我说可以，但是要隔离开，我要保护爸爸。

孩子说她知道怎么打开阳台门，半夜偷偷跑回来。我说不可以，孩子就难过了。我说我们这样做不对，我们做有勇气的小朋友改正错误好吧。孩子说，啥是勇气？我说就是勇敢改正自己的错误。后来我让她坐了四分钟冷静椅，对她说这样做不对，下次不要这样了。后来我拥抱了她，她向爸爸道歉，爸爸也道歉了。

一个家庭是一个系统，只要一直在行进中，这个家庭就必然是平衡的。不是静态的平衡，是动态的平衡。有一个特讲理的，就会有一个不讲理的；有一个特优秀的，就会有一个不成器的。

这叫作家庭动力。如果平衡被打破，要么家庭动荡之后重新达到平衡，要么干脆解体。所以显然，妈妈是个爱讲理的人，爸爸呢，就是个完全不懂事的孩子状态。

当然，这是从妈妈的视角看到的事情。如果换做孩子和爸爸，可能说的完全是两个版本。仅仅从妈妈的角度来看，孩子和爸爸之间的暴力游戏是爸爸一手造成的，如果换成妈妈自己，用讲理的方式，可能很快就解决了。

本来是件小事情，妈妈处理得太严重了。爸爸的孩子状态，也是妈妈的行为方式造成的，因为妈妈觉得自己成熟，觉得爸爸的行为幼稚，这是妈妈给下的定义。

因为孩子力气大，生气时候抓伤过别的小朋友，所以妈妈承认自己可能带着抱怨爸爸的情绪。

当妈妈对爸爸的行为方式下了判断，自己又深信自己的判断是完全正确的，那以后只是验证而已。当一个人如此相信自己的判断，所有的验证都只是为了证明自己的对，至于不一定对的地方，就会被忽略。所以，妈妈用孩子抓伤了小朋友这件事实，再一次说明，这是爸爸的暴力游戏造成的，这又是一个判断。

其中可能没有必然联系。

爸爸跟孩子之间的游戏，是咬，但孩子对小朋友是抓，这是不同的动作。动嘴和动手，是不同的性格特质。我想，爸爸和孩子之间的游戏绝不仅仅只有咬人这一种，其他的游戏应该也还有，只不过这个游戏孩子格外喜欢。

如果这个游戏孩子格外喜欢，那至少证明了两件事情：第一，孩子在口欲期没有得到满足，用嘴这个器官能够满足的欲望在小时候是受到一些阻碍的；第二，孩子如果喜欢暴力一点的游戏，可能是平时积累的琐碎的负面情绪比较多，用这个方式可以缓解释放。

口欲期一般指的是孩子从出生到一岁这个时间段，这时孩子认识世界就是通过嘴，吃是最重要的人生体验，嘴是最灵活的体验世界的器官，所以什么都要啃一啃，自己的手手脚脚、玩具、床、喜欢的东西，都要用嘴来认识。这个时期孩子享受着妈妈的怀抱，享受着这个世界对他的欢迎，不满足就哭，想要东西也哭，嘴是得到一切和满足一切的代表。这一时期结束，人就进入下一个时期，即控制自主及手脚协调的时期。如果口欲期没有得到满足，人的性格行为中就会带有很多跟嘴有关的情节。咬人是其中的一个表现。

如果爸爸和孩子都喜欢咬人这种方式，而且在这个游戏中还能打得这么厉害，那么，爸爸可能有同样的问题。要么是工作中带来的负面情绪，要么是家庭氛围中带来的负面情绪，过于琐碎，都没有机会也没有办法说出来或者闹出来，这样的游戏，包括后面的打架，都是短时释放的一种途径，闹一次，能安静几天。

同样的，他们的这种冲突也满足了妈妈。在询问中，妈妈自己也发泄平衡了一下。妈妈也用老师或者“超我”的身份，用教育和讲理的方式，发泄平衡了一下。讲道理，用嘴来管理人，实际上跟咬人一样，也是口欲期没有得到满足的表现方式。

有时候，不是爸爸有意配合，而是家庭动力使然。当这个动力达到一定的值，就会来这么一次，然后，这个能量就泄下去一些，重新达到一个平衡程度。这跟火山爆发也差不多。

有时候，爸爸可能不一定参与了，但孩子会特别不讲理，特别招人生气，然后妈妈大怒，再“修理”孩子一番，然后又会心平气和，全家相互道歉，大家和平一阵子，都特别乖，特别讲理。

所以，想办法释放自己的工作压力，然后面对孩子的时候，父母就知道要怎么设立规矩了。

总结

上面的案例中，妈妈自己用的方法（把女儿和爸爸都训斥一顿），也是大多数家庭可能出现的处理方法。这当然是有些效果的方法，会有一时的缓解。就好像火山的小小喷发，不是大爆发。但正是因为有了这样阶段性的小喷发，才能够保持一个家庭的良性循环，至少让这个家庭能够保持正常的生活。

除非我们能够有另外的办法缓解这种家庭动力带来的压力，否则，还是先保持这种方式比较好。这是为什么呢？因为孩子是家里最弱小的人，也是最敏感的人。家里的动力压力，可能父母自己已经在心里隔离了，感觉不到，但孩子并没有这个机能，所以，最先感受这种压力的一定是孩子。

大多家庭的动力压力，都是从孩子开始释放的。他会用淘气、成绩不好、不听话等一系列问题来激起父母的怒火，让父母有机会吼叫，有机会大怒，因为只有“孩子”这个借口，是父母不需要压抑的。

如果不是让父母大怒的方式，那会是另外的方式——生病！动不动发烧生病的孩子，切记，除了确实是先天身体的原因之外，大多是因为家庭动力压力造成的。

总之，管理父母自己的压力，平衡家庭中的动力，可以减少孩子出问题的很多可能。

4. 爸爸把妈妈撵走了？

案例

女儿总爱对爸爸拳打脚踢，大吼大叫，特别是要睡觉时，她需要我陪睡，而一定要让爸爸走开。但我不在家时她最信任最依恋的就是爸爸。爸爸爱她如命，自从有了女儿就在家办公了。现在自我分析问题，我觉得原因可能如下：

第一，我对老公平时不够礼貌，内心不够完全崇拜尊重，所以她也如此；

第二，她认为老公夺取了妈妈的爱；

第三，爸爸不在时妈妈才会全身心关注她（因为老公在时我总想在电脑上工作）。

我再补充一下背景吧，我家女儿三岁半，爸爸在家办公，午饭、不工作的时候都陪她。除了我带，家里还有爷爷奶奶和阿姨帮忙。爸爸陪她的时候，我去看书或看电脑，忙自己的。周末一家三口一起。时间上来讲，我占一半，爷爷奶奶和爸爸占一半，但的确是爸爸陪玩的情况下，我总想去做自己的事情。只要我在一定是我陪，我只是希望她能逐渐接受爸爸也在身边。爸爸只要没有工作，真的是一步都不想离开女儿的。

这位妈妈分析的是对的，爸爸无意中扮演了一个撵走妈妈的角色。小孩子跟妈妈的连接是最紧密的，如果父母一起，玩或者吃饭是共同完成的，小孩子也会适应这样的过程。

但是，心底最深的安全感始终是妈妈带来的。尤其睡觉的时候，还是妈妈最让孩子放松。孩子最希望的也是妈妈在身边陪着睡觉，如果不是害怕妈妈被撵走，偶尔爸爸来陪也是没问题的。但是显然，孩子心底觉得每次爸爸出现后，妈妈就消失了，或者显得魂不守舍，随时准备消失似的，对孩子而言，爸爸就是降低妈妈关注的“罪魁祸首”，当然对这个男人比较愤怒，会不希望他出现。因为他的出现，意味着妈妈跑了。

不是妈妈陪得不够，也不是爸爸的爱不够深，而是他们交换的模式有问题。他们给孩子造成了一个错觉——她认为是爸爸的出现赶走了妈妈。

那么怎么调整呢？消除孩子的这种感觉，爸爸带她就没问题了。怎么消除呢？要循序渐进的。如果爸爸可以来陪孩子了，妈妈先别离开，还是妈妈主要带孩子，爸爸来辅助。妈妈也不要想着看书或者用电脑，因为你的魂不守舍孩子是会察觉的，让孩子觉得爸爸在，还能多一个玩的人，慢慢地她会开始喜欢这种模式，也接受爸爸主要带她。如果妈妈能离开一分钟，就是胜利。妈妈稍离开，立刻回来，然后慢慢地拉长离开的时间。

妈妈干脆不离开的模式要坚持好一阵子（见图 2–1）：

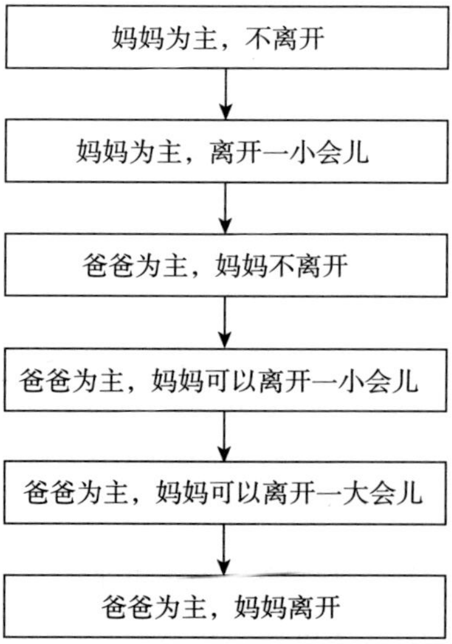

图 2–1　循序渐进的“离开”模式

每个阶段要维持到孩子完全适应，没有任何不良反应，再慢慢试探着换下一个阶段。

总结

孩子与孩子的特质不同，有些孩子在父母的这种互换下没有任何问题，有些孩子就会出现一些状况。孩子出状况是正常的，父母不必太紧张，正是这样的状况，让父母得以看到自己孩子的特质，一点点去了解孩子是哪样的天性。

我们一直告诉大家，生活就是试错的过程。所以，在错误中不停地发现、不停地改变、不停地成长，才是生命的本质。

5. 孩子的断奶问题

学员A：宝宝一岁五个月，两个星期前断母乳，一直跟我睡，断奶后和奶奶睡，现在每天晚上还要哭醒两三次，也不要我抱，哭得人想挠墙。

左辉：断奶对孩子是创伤事件，离开妈妈也是创伤事件，你们把两件创伤事件放在一起加在孩子身上了。孩子不要你抱，是对你表达的愤怒：不给吃奶已经很难过了，还不能跟妈妈睡了，这是啥世道啊？哭是因为宝宝觉得难受：居然没有安慰，而且变本加厉连妈妈怀抱都剥夺了，这又是啥世道啊？

学员A：那让孩子再和我睡？

左辉：当然还是孩子跟你睡，先度过一个创伤再进入另一个创伤，不要一起来。断奶要有比较充足的准备，跟孩子要有说得通的理由，还要有替代——比如可以代替母乳的奶粉，其他从来没给吃过的好吃的。这样也会让孩子觉得，原来还有其他好吃的东西。这是一种替代性的安慰。

孩子断奶会很委屈，哭是正常的，你如果做好这个心理准备，就不会这么纠结了。所以，你和孩子都在没有做好准备的情况下进入了断奶阶段。断奶期，对孩子的安抚是很重要的。

学员A：断奶前一直睡得不好，一晚上醒五六次。断奶前两周开始喂奶粉，他很喜欢，也和他说，宝宝大了，不要再吃奶了。

左辉：这个理由给的，会让孩子觉得长大是件挺可怕的事儿。你要重新找个孩子能接受的理由，不是成人觉得能接受的理由。可以跟宝宝说，妈妈的乳房累了，需要休息，就跟宝宝累了，需要睡觉一样。断奶这事儿吧，一次完成，千万别拖泥带水，否则妈妈宝宝都难过。决定好的事情，如果已经开头了，就不要停下，温柔地坚持。如果妈妈没有做好准备，就别开始，再等一等吧。

6. 分床问题

案例

最近搬了家，女儿转到了一所新的幼儿园。女儿五岁半了，到了分床睡的时候，但是没能成功分床，让她自己睡的时候她总是说害怕。就算女儿自己睡着了，一晚上也得醒三四次，总睡不好，常常半夜跑来父母房间跟父母睡，这样就能一觉睡到天亮。

孩子还小的时候，恨不得天天都能跟爹妈黏在一块，吃饭睡觉都在一起。随着孩子一天天长大，分离和变化就成了摆在眼前不可避免的问题。

很多孩子小时候和父母睡同一张床，到一定年龄才拥有自己的床和自己的房间，完成迈向独立的第一小步。这个分离的过程，往往五花八门，有的还很艰难。

五岁半这个年纪大多孩子的确都需要分床了，但我们依然要强调一下有些孩子可能就是例外，我们所讲的是针对大多数比较普遍的现象，如果是特殊的孩子，千万不要因为与别人不同，家长就开始焦虑。如果一直没有分过床，这个年纪分床会困难一些，要做好打持久战的准备。关键的是家长自己得想好了，下定决心：一定要分床！很多时候是因为家长自己心软，一看孩子可怜的样子就不落忍，一旦决心松动，来回反复，反而越来越不容易分开。大家一定要记住，在养育孩子的过程中，有三个原则，父母要非常注意：第一，决心的坚定；第二，态度的温和；第三，规则的坚持。

给孩子选自己的卧房和床的时候，要注意挑选孩子自己喜欢的样式和装饰风格，哪怕这是父母自己不喜欢的，要学会妥协和尊重孩子的意见。但是这个例子里还有个特殊之处：在要求孩子分床睡之前，这家人刚刚搬进了新家。对孩子而言，这是三件需要重新面对的事情——新家，新床，自己睡。

人除了肉体之外，是有一个个体空间范围的，这个空间范围与周围的空间进行信息交流与能量交换。当来到一个陌生的环境，人会本能地紧张起来——有些人一到外地就便秘，或者生病，或者拉肚子，跟这种紧张是有关系的。我们大多时候认为这是水土不服，当然也可以这么讲，但其实是身体的本能紧张。

成人经常由于习惯，而会忽略这些紧张，甚至完全感受不到。但是孩子就不同了，他们还不足以形成这种对外界环境的抵抗力，尤其是家庭条件比较优越的孩子。才一个月的时间，孩子根本来不及对这个新家建立起足够的安全感。

遇到这种情况的家长，稍微等一等，不要一次性做所有的改变。让孩子对新家建立起安全感是第一步，需要的时间因人而异：敏感的孩子可能一两年的时间才能建立起安全感；外向的孩子可能几个月，甚至一个月就建立起来了。

同时，也要注意时间。五岁半了，再有一年半载要进入小学，分床的调整最好在上小学前就能完全结束。尽量别变成床没分好，孩子又要面对入学变化的情况。

那怎样才算适应了呢？在孩子适应之前，首先需要家长自己对这个房子有安全感。你们得做到，不再无意识地拿这个房子跟老房子比，不再拿生活方式跟以前比，不再买着菜还能想起住原来的地方时有多么方便。

家长可以带孩子多在家周围和小区里转转玩玩，帮助孩子尽快对这个环境熟悉起来。也不必太过于勉强，顺着感觉慢一点也无所谓，安全感建立是第一步，而后再调整分床睡就容易多了。偶尔周末的时候，还可以陪孩子在她的床上睡觉，帮助她建立对自己屋子和自己床的信任感。

另外，小朋友的房间不是越大越好。还是个人空间的问题，过于宽敞的卧室不利于睡眠——人在睡觉的时候，是收的状态，调整整个白天的喧闹带来的各种身心紊乱。房间过大，不利于这种调整，尤其是对孩子来说，反而会有惊扰。

有时候孩子的睡眠规律被打乱，一夜醒来数次，就会形成习惯性反射。这种时候再来分床，效果也会打折扣。家长首先要帮孩子恢复正常的睡眠节奏，如果不是因为搬新家的问题，可以用稍微缓和一点的方式来替代，比如陪孩子睡在她的床上，或者干脆玩到昏天黑地再睡，孩子一般半夜都不会醒。

总结

这个例子里的小姑娘，除了新家、新床、自己睡之外，还要面对另一重变故——因为搬家，她转到了一所新幼儿园，原来的生活秩序都被打乱了，朋友也没有了。这么小的孩子，面对这么多人生的变故，实在太辛苦。孩子周围的变故，一次适应一个就好，尽可能不要把所有的变故放在一起，孩子的接受度和调整能力没有那么强。

家长可以先让孩子适应幼儿园和新家，过半年再考虑分床。总而言之，就是两点：第一，孩子要一个一个适应变故；第二，孩子要对自己的卧室形成安全感。

7. 不满意孩子的行为，要不要干涉？

学员 B：左老师，我四岁半的闺女如果在家里一定要有人陪玩，首选妈妈。出去一定要有朋友陪玩，比如游泳，她先问有没有小朋友去，还必须是她熟悉的那两三个，没有就不去。昨天去一个活动，别人没来，她就一定要等着朋友来了才玩，然后魂不守舍地等着。人家来了，别人玩啥她玩啥，别人不玩她也不玩。

左辉：孩子有孩子自己的特质。强忍住自己的评判和感受，适时回观自己，孩子这样的行为给了你什么样的感觉，你怎么了？

学员 B：我不希望她离了别人就一副不知道干啥的样子。

左辉：你是不是有过离了别人就一副不知道干啥的样子的时候？

学员 B：孩子爹说是因为从小我陪得太多了！

左辉：在讲这个问题之前，我想说一句话：那是他的人生，让他去错吧！

关于孩子要不要多陪，我觉得不必过于依赖理论，毕竟理论采样也就几千人，而且，还取的是平均值，没有哪个孩子是按照平均值来生长的，对吧？

孩子和孩子不一样，有些孩子不需要人陪，有些孩子急需人陪，陪伴的满足度是无法用数量来衡量的，只能是感觉。

需要多陪的孩子就多陪，父母纠结大多源自累了想休息，才急切地想让孩子独立去玩吧，我猜。

刚才有一句提炼的话，我觉得很重要，我多说一些——那是他的路途，让他去经历吧！

每个人都有自己独特的人生，来到这个世界，要完成自己的人生目标，这是人人都有的目标，可惜的是，我们出生的时候忘了个精光。于是，我们会遇到一件件窝心的事情，让我们痛苦，这个痛苦其实都指向同一个目标，为的是让我们知道，我们来到这世界，到底是来干什么的。你遇到的种种事件和痛苦，都是你的人生功课，是你要完成的作业，无人能够代替。父母爱孩子，往往希望为他铺平一条康庄大道，让他顺利度过人生，殊不知，这是企图剥夺孩子成长的机会。人生的成长，就像玩碰碰车，碰碰车是没有油门的，它的前进，就是靠左拐右拐，不停地变换方向来实现前进的。所以，人生的每一次前进，都是发现错误之后，赶紧改变，不停地来回动才实现的。

所以，总结起来，就一句：那是我的人生，让我去错吧！

错得多了，就知道什么是对的了，早错比晚错强，对不？

8. 情绪沾染：孩子行为与家长情绪紧密相关

左辉：孩子一岁起，开始能够辨认复杂点的图形，这个阶段，如果想培养孩子对字的好感——注意，不是认字，是培养对字的好感——父母可以自己写几张大个的毛笔字，不要求好看，是父母自己写的就行，贴在墙上，让孩子可以没事就瞅瞅看。这个阶段的孩子机械记忆力非常强——所谓机械记忆力，就是不懂任何意义的前提下能够记住这个字。

教的时候，一边蹦蹦跳跳，一边唱，孩子在跟父母的游戏中，会把快乐的情绪附着在文字上。

没有毛笔的话，用水笔也可以，要以黑色为主，反复描成很大很粗的字。孩子如果想写的话，就让他随便写，毛笔乱画就行，不要怕把家里弄脏，或者怕他把自己弄脏。不用过于追逐干净，在这个过程中他觉得很快乐就好。

要注意这个年龄段的孩子对色彩的对比是非常敏感的，最好是用白纸黑字，一方面是这样的对比感是孩子喜欢的，另外一方面是如果色彩发生了变化，孩子就不能区分字和字之间的不同是因为颜色带来的，还是因为字形结构不同带来的。

刚才我们在认字的讲解中，有个很重要的情绪细节，那就是，认字过程中，父母与孩子的情绪互动，会沾染在字的含义中。

“沾染”是一种常见的心理机制。有些父母在教孩子认字的过程中，因为孩子的不配合，往往会带上负面的情绪。如果你带着负面的情绪，孩子也会感知到这种情绪，尤其是岁数小的孩子，身体虽然与母亲分离，但感知还是与母亲有很深的连接，有些孩子对母亲的情绪感知甚至可以达到同步。

当我们带着孩子认字时，切记我们只是在培养他对字的好感，并不强求他认识这个字。我们自己小时候不一定都认过字，但是上了小学的，哪个是文盲啊？所以，尽管放宽心，孩子们以后有的是机会认字算数，不必急在一时。

学员 A：孩子儿时和妈妈的连接很深，我晚上想加班或者想上网，孩子就入睡慢；我要什么都不想，就陪她睡觉，她一会儿就睡着了。

左辉：对的，孩子的生物钟和安静程度，与妈妈的心态直接相关。

我前一阵刚刚治疗的一个家庭，妈妈对孩子布置得井井有条，孩子非常非常规矩，很聪明，学了很多很多东西，也很乖很乖。这样的孩子，基本上应该是父母们想要的典范了。但是，这个孩子非常非常瘦，瘦骨嶙峋，同时，没有任何情绪感觉，像个小机器人一样，妈妈从小对孩子的规矩性要求很细致，训练也很周密。

这么细致的要求和训练背后，掩藏着妈妈遮掩起来的紧张和焦虑。这种情绪深深地传递给了孩子，同时，传递给孩子的还有对这种紧张和焦虑的压抑与隔离。

隔离多了，也就对情绪没有感觉了，只要有情绪，潜意识会瞬间隔离，人的显意识完全感觉不到任何情绪的存在。

孩子学到的技术和知识只是表面现象，实际上孩子学到的是父母无意中传递出来的情绪。大一点的孩子，对学习的讨厌，或者对某件事情的讨厌，父母可以自行回观：是不是你在叫他做这件事情的时候，是不友好的、令孩子讨厌的态度？

同样，妻子在勒令丈夫洗碗做家务或者其他他自己不愿意干，你强迫他干的事情时，是什么态度？在人家干完后，你评判还是鼓励？

很多女人在丈夫洗完碗后，说得最多的是，洗不干净！

干了活儿，没有得到肯定和认可，谁还愿意干呢？

不愉快与干活联系在一起，这样的事情多了，潜意识就会认为，干活=不愉快！不愉快的事情谁愿意干呢。

我们有时候过于关注结果，总想达到我们想要的效果，如果达不到，就会焦虑、指责。当然，有时候我们也会特理性、特宽容地分析，目的是为了让对方改得好一点，但这种理性背后依然是无言的指责和评判，效果还是不好。

9. 家长要坚信：我的孩子是个好孩子

学员 Z：我妹妹的孩子，刚上高中，原来学习好，现在不行了，老师对他各种批评。

左辉：初中如何？文理科的状况分别如何？作文状况呢？

学员 Z：初中是好学生，现在文科不背，理科不懂，作文一般。一批评就不说话了，再批评，走了。

左辉：青春期的孩子，沟通的重要前提是，要拿孩子当一个独立的个体来尊重。大多情况下出现的问题是，孩子进入青春期了，父母却还留在小时候。大概可以这么说，这个孩子应该是“中华好孩子”的典型。

学员Z：“中华好孩子”是什么型?

左辉：中华好孩子，就是特别想满足父母的愿望的孩子。以前靠的是勤奋刻苦，以记忆为优先，虽然没有那么辛苦地背，但是应该有非常好的记忆力，所以一直能维持比较好的成绩。但是，这并不代表孩子自己喜欢读书，只不过，这样勤奋些的学习能带来父母的赞赏和周围人的羡慕。

其实，初中的课程已经开始需要大量动脑，如果刻苦些，也还能维持好的成绩；但高中的课程，加入了很多理解和主动动脑的抽象思维，如果小时候没有打下主动思维的基础，高中就会非常艰难。

学员Z：目前的状况该如何引导呢?我问问题前以为是沟通问题，看来不对。

左辉：目前的状况是父母以前的要求太高太固执了引起的。所以首要的事情是，不要把这个状况归咎于孩子。父母自己要知道这是自己长年的要求造成的，孩子确实是好孩子，才会那么在乎父母的要求。否则，不管你怎么要求，他根本就不好好学。这一点承认了，才有沟通的前提。

重新培养孩子的主动思考能力。先不要过度追求成绩，不要动不动老提学习。

学员Z：高中学业紧张，就不提了?

左辉：让他父母先放松下来，因为父母愿意配合，大多还是抱着特别执着的目的——要提高成绩。仅这一条，就无法高效沟通了。因为在这个条件下，孩子根本不想沟通。

要知道，成绩上不去了，孩子也很痛苦。越是从小一路优秀的孩子，越是难以从挫折中快速崛起。这其实是非常好的机会，如果父母能够放松下来，不要紧盯着高考，眼光放远一点，就能够发现，这个孩子之前的人生太顺了，没有任何挫折和痛苦。高中的时候遇到这么大的挫折，在痛苦中慢慢地重新站起来，这是非常难得的人生历练，对将来的人生大大地有好处啊！

再说了，高考又不是只考这一年就不许考了，大不了再考呗。等毕业了，谁还在乎你是不是当年考上的？所以，对孩子而言，这其实是机会，是青春期坚守意志、形成不畏艰难努力奋斗品质的绝好机会。

任何时候都可以是起跑线，人生没那么可怕。有人处处都怕赶不上，其实这一次的起跑线输了，还有明天的起跑线，任何时候，只要想跑了，就是你的起跑线，别管别人跑得多远，只要想跑了，就来得及。我们一直的培养和训诫，就是为了让孩子能够在愿意起跑的时候，有足够的力量去爆发，去坚持，仅此而已。

我有一个“80后”弟弟，当年也只上了中专。这孩子对人非常友善，一次他在校园里遇到几个人，那几个人找复印的地方找不到。他看看人家对校园不熟悉，就一路领着人家去，复印完了，人家没零钱，他也帮人家付了。万万没想到，那人是来校园招聘的老总，有一家很大的设计公司。等我那弟弟去应聘的时候，那老总哈哈一笑，当即拍板：就要他了！

我那弟弟对英语一窍不通，到了那个公司，发现公司用的3d Max软件，没有中文，全是英文的！他自己生生地抠了三个月，不懂的就问老同事，居然在弄不懂英文原意的情况下，硬是知道了每个功能是怎么使的。

在名校深造的时候，老师给的软件是中文的，他愣是不会用，还得变成英文的，用得那叫一个好，做出来的效果图连老师都比不上。

后来，这个名校一直想留下他，换掉那个老师。但是他自己不愿意，觉得是抢人饭碗，不好。如今他也有自己的事业，自己的公司，活得风生水起。

讲这个例子，只是想让大家明白，学历并没有那么重要，并不是关键性的因素。

学员Z：问题是家长不比吗？如果孩子真的在班上排名靠后了，心理压力大啊！

左辉：家长比是正常的，这没关系。谁都希望孩子优秀，望子成龙嘛，又都只有一个孩子，这是可以理解的。

但是，家长在比之外，还要知道，成绩优秀不是“成龙”的必然条件，真正的“成龙”涵盖的范围可比这个大多了。

学员L：我女儿现在是全班最后一名，每天回家书包都不打开，期中考试三门不及格……我知道这是我多年的干涉和过分要求造成的，我知道只有我停下来，去掉造成她现状的因，她才会好起来，而且一定会好起来。她原本就是个好孩子，是我扭曲了她。

左辉：你可以表达你的焦虑和抓狂，也可以表达你的期望和非分之想。但是一定要允许孩子慢慢成长，允许孩子有缓冲，允许孩子有起起伏伏，允许孩子偶尔会跌倒。

孩子们比我们想象中坚强，如果他们起不来，那是真的受伤了。疗伤，养伤，才能再次起跑，对吧？

现在养孩子，特别像外行种花。明明给花浇一次水，几天后才能再浇下一次，可是，父母天天盯着花，看水怎么吸上来，如果没看到明显的吸水过程，就会抓狂：怎么不吸呀，怎么不吸呀，我明明浇了呀！然后，有的父母实在焦虑，就把根扒开，用种种手段帮助花吸水。

后来，花自己不会吸水了，也忘了自己是需要主动吸水的。再后来，花的吸水功能开始退化，父母用尽种种手段从吸水，到给养，到每片叶子咋长，都安排妥帖，静待花开。花不开，父母又是抱怨，又是难过，又是焦虑：我都对你这么好了，我对你这么无微不至了，你咋这么不懂事，这么没良心？你看人家的花，你看人家都没这么费心，可是花开了！

其实，花是干脆休眠了，因为不需要它主动干任何事情，醒着有什么用呢？

唤醒一颗沉睡的心灵，要多久呢？我们用十几年的时间辛苦照顾让他休眠了，父母放下执着，才是复苏的开始。所以，要放下对孩子学习成绩的要求——当然，表面上还是要表达下期望和要求，但是在心里，要放下对成绩的执着。

让孩子回归正常心灵该有的生活和体验，慢慢地，休眠的心灵也就开始被唤醒了。

学员 Y：可以谈谈孩子跟信仰吗？

左辉：先别提那么高大的信仰，我们先树立下信念吧！父母要坚守的信念，便是——我的孩子是个好孩子！

无论怎么犯错，怎么闹妖蛾子，怎么不听话，我慢慢教育——我的孩子是个好孩子！

学员 M：真不容易。我发现很多父母，包括我自己，总是容易看到自己孩子的缺点和别人孩子的优点，而且特别不容易包容自己孩子的缺点。

学员 W：近年来最震撼美国教育界的一项研究成果就是：成功最好的预言家是 GRIT（坚毅）这一项非认知技能，而不是以智商为代表的认知技能。“坚毅”用一句话定义就是：朝着长期目标而努力不懈的毅力与激情。

左辉：是的，智商不是那么重要。坚毅也得有个前提——愿意坚毅！这愿意的来源，就是父母的信念——我的孩子是个好孩子！这个信念非常重要，如果你确信这是个好孩子，他真的就一定是个好孩子！好孩子也犯错，也淘气，也不听话，也成绩不好，也闹脾气，也偶尔不讲理！

学员 M：我的孩子是个好孩子！这句话的力量真大啊，我重复了一遍，立马想起来小时候我爸爸这样对我说过，当时心里那个汹涌澎湃啊。

左辉：心里坚守这个信念，但是别天天跟孩子说。抓狂好多次之后，突然某天说一次，效果绝佳。

一定要懂得一点技巧，有节奏、有韵律地说。我们终其一生在唱一首歌，有旋律，有起伏，有高潮，有跌宕，有舒缓，有紧急，无论哪一种，只要用心唱了，就是好歌。那种走直线的，曲调平平的，没有什么大的起伏，就成只有一条直线的心电图了。

10. 与孩子相处时间太少，感情如何弥补

学员 N：女儿开学了，我的幸福日子也结束了，对孩子初一的生活能否适应开始有些担心。

左辉：为啥她开学，你的幸福日子会结束?

学员 N：暑假她在奶奶家，我上班自由自在，回来就不行了。

左辉：是啊，照顾孩子，是每天要经历的，逃也逃不掉。调整是很有必要的，很多时候，比如孩子在身边，每天早餐晚餐谈心吵架，一个也少不了。你的工作忙吗？

学员 N：有时忙，有时好一些。

左辉：嗯，蛮有节奏的方式。如果孩子能够暑假在奶奶家，意味着孩子并不是很黏你，她还比较有独立性，是吧？

学员 N：还行，她从小和奶奶相处的时间比和我多，我原来老加班，还有加到凌晨 3 点半的时候。

左辉：啊，这么辛苦啊？

学员 N：换了工作好很多，但忙于工作的代价就是孩子和我不是很亲，有时会有距离……

左辉：孩子已经初一了，意味着她开始要准备进入青春期。目前，应该还是小孩子的心态，没有特别明显的变化。但这个时期，是孩子为青春期做准备的时期，所以，如果与父母互动良好，会减缓青春期带来的父母与孩子互相之间的对立程度。

你刚才问的问题，实际上是两个。第一个问题，是你要面对的忙乱；第二个问题，是孩子要面对的中学生活；这背后有一个衍生的问题，也可以称为第三个问题：你和孩子的关系。

小时候相处太少带来了疏离感，长大了再去补成亲密关系是不大可能的，我说的是那种自然随意的亲密感。但是，还有一种理解和共处带来的亲密感，是可以弥补亲子之间的疏离感的。你的孩子正好处于青春期，你还很有机会哦。

学员 N：您分析得非常到位。我和孩子的关系已经改善很多，上小学前她住奶奶家，周末才回来，明显有生疏感。小学开始一起住，慢慢地感觉亲近了。听完您的话语之后信心倍增啊！

左辉：这种亲密感中，会有一点点规则感和约束感，但这并不是多大的问题，不必介意，有时反而也是好事。因为疏离，反而会多一些介意，这种小介意会成为互相沟通的一种尊重感，这种尊重感，正好给了孩子想要的空间。越是亲密的亲子关系，越是容易在青春期打成一片，但太亲密了，又会忘了给孩子空间。

学员 N：好的，我会慢慢体验。

左辉：将孩子当成朋友对待，可以跟她商量，但让她自己做决定，这非常重要。很多事情，如果父母很忙，可以直接告诉孩子：你的事情你自己搞定，搞不定了可以来求救，但是也许我不一定救你，因为有时候我觉得你自己可以的。当然，如果你是为了撒撒娇，要点关注，那没问题——我要是明白了，还是愿意配合你的，我只是不敢承诺我一定能明白，就像你有时候不明白我的感情一样。我们会误会对方，但是没关系，我知道我爱你，我也知道你爱我，这就够了。我虽然生气，但是，我还是会开解自己，去原谅你或者去理解你；如果做不到，我干脆忘掉，记住你爱我，就可以了。

学员 N：妙着儿啊！

左辉：尽量让孩子明白，她需要面对自己的中学生活。你偶尔能够在不忙的时候抽出时间，是为了你们两个能够开心相处，一起做些什么好玩的事情，不是为了督促她学习，不是为了解决各种麻烦，那样就太对不起这些时间了。

反过来，孩子的中学生活，反正面对不面对，愿意不愿意，她都已经在里面了。那是她的人生，不用多管，她身处其中，会应付得很好，甚至超出你的想象。

关于妈妈这个身份带来的不得不面对的生活琐事，我个人的态度是要接受。实际上，如果你接受这种忙乱的现状，你接受这是你无法更改的事实，你的焦虑会少很多很多。你也会惊讶地发现，其实，并没有你想象中那么忙乱辛苦。

不过该管还是要管的，能够有矛盾，又能够彼此走出来，才算真的建立起亲密感了，你已经做得很好了，顺着这个感觉继续下去。

二、家族关系

1. 家有婆婆带孩子

学员 C：我以前自己带孩子四年，现在上班，婆婆帮着接送。我总觉得婆婆、老公、孩子，他们三个是一家人，我是外人。有婆婆在，我总觉得不快乐。

左辉：婆婆接送孩子的事情，显然你没办法改变了。因为你要上班，没人帮你看孩子，只有婆婆来看，这个婆婆你没办法选择。如何克服自己的情绪，让自己也能融入整个家庭，是你的事情。

他们本来就是一家人，这个事情你改变不了。而且很残忍的是，他们可能根本没意识到你的感受。但问题是，为什么非要喜欢婆婆？

学员 C：有时候一天上班开开心心的，回家一看老公戴着围裙炒菜，婆婆天天躺床上看天花板，我就很生气。我知道如果我心情好，一家人就会比较融洽，可实在是看不惯婆婆一天到晚除了看电视看天花板什么都不做的样子。我也知道她一个农村老太太来北京不容易，可是扫个地擦个桌子总行吧？

左辉：中国的父母，不干涉儿女的是少数。就算有民主些的不太吱声，也会在关键的事情上出声。而且，大多只要一出声，肯定帮着自己孩子。老人的表现，我们根本无法控制。但问题是我们老想控制，想让他们按照我们的意愿来，于是就会产生矛盾。

所以儿女要控制自己的情绪，做到理解老人。如果理解不了，那就让自己宽容；如果宽容不了，那就咬牙独立，独立干家务，让她别干涉你家内政，独立挣钱请个保姆，别让老人帮你带孩子。

学员 C：左老师说得对，我一直想着婆婆能给我们做个晚饭，把桌子的灰给擦一把。于是自己纠结生气，人家依然我行我素。前天在家孩子脚面全烫了，人家一个字的解释没有，乐呵呵吃饭看电视。我现在就想快点找个接送孩子的人，但不知根底的又不敢找，所以自己纠结痛苦。这样的情绪不敢给老太太发脾气，不敢跟老公抱怨，自己就忍着，所以就一直不快乐。

左辉：你自己带孩子，也难保不会出点小差错，就算老公不埋怨你，你也会很自责。但是，你也不会低声下气地跟老公认错，对吧？我理解的是，老人可能心里害怕，所以不敢面对，干脆变成无所谓的状态。更因为媳妇老看她不顺眼，她更不愿意去认错，去解释。既然这样，为什么让她来给你带孩子呢？人家不愿意干，你们非要让来，又希望顺着你们的意思干，怎么可能呢？人家虽然嘴里没说，但是脸上全写着了。

我生完孩子后，婆婆不打招呼，自己就跑来了，要给我看孩子，可我压根儿没打算用婆婆看。后来她一直跟我们住在一起。我有长期用的小时工，我以为婆婆如果喜欢孩子，逗孩子玩玩就可以了，岁数大了，什么都不用她干。可是我婆婆生怕我认为她不能干活了，在我家老勤快了，洗碗，做饭……问题是她老洗不干净。我每天哄孩子睡了，再偷偷溜进厨房，把所有碗重新洗一遍，还不敢出声，怕让她听见，如果她知道我嫌她洗不干净，她会难过的。

跟婆婆相处是很难的事情，我自己的经验是，别猜忌，别抱怨，有啥要求直接说。

比如馏完馒头，我把上面的水泡过的部分全揪下来扔掉，婆婆瞪着眼睛看我折磨馒头。我理直气壮地说：别瞪我，我最讨厌吃水泡过的馒头，你要非让我吃，我就绝食！结果婆婆呵呵笑着说，我也特讨厌吃这个！

我跟婆婆之间有个协议，我老嫌她买的衣服不好看，于是我跟她约定，如果她买的衣服我认可，好看，全款报销，无论多贵。老太太那时候老得意了，跟老姐妹一起出去买衣服，就她最放得开，买个好看的，跟大家吹牛：这件衣服，我媳妇一准儿给报销，她肯定夸我买得漂亮！

老人嘛，总有自己喜欢的而你却不认可的，要允许对方保持自己的风格。只有她觉得你确实对她挺好，也认可你，你才能有资格提意见。老人其实特像孩子。我给我妈妈买衣服，从来都是被打击的，她老挑剔了，比我婆婆难对付多了。有一次，她竟然指着我家公主的一件外套说：就这个样子的，后面不要那个蝴蝶结，我就想买一件。我差点把眼珠子瞪出来，我家公主才九岁呀！后来我才意识到，我的娘啊，她心态还是十七岁青春少女，那就好办了，以后买衣服就买有花边的，有蕾丝的！

想让对方认可的前提，是你先认可她。如果实在做不到，就敬而远之。当然，人际关系中没有单一的方法，有时候婆婆过分了，我也会理论一下，以示警诫；但若婆婆有一步退让，我会立刻退一大步。对婆婆的态度，我个人认为，要有界限，有规则，也要有容忍和理解。特别是在婆婆帮着带孩子的情况下。

小家庭有了大领导，总有些很麻烦的问题，这个问题归根结底是女主人到底是谁。媳妇理所当然认为自己才是女主人，但是婆婆大多也无意中变成了女主人，无论你愿不愿意，最后一定演化成“皇太后”和“皇后”争权。所以，如果小家庭中老人进驻，一定事先跟老公说清楚，谁才是女主人，要用什么态度对待老人，有些话由谁去说更合适。

作为女主人，妈妈们也要清晰，你跟老公是一个阵线的，别动不动把老公撵到婆婆身边去了。比如，刚才C的案例吧，下班回家，老公在炒菜，婆婆在发呆，你自己完全可以放下包，也进入厨房，要么跟老公亲热一下，要么一起在厨房忙活，这都是统一阵线的好机会呀。

7. 是妈妈，还是妈妈的妈妈？

左辉：昨天跟朋友聊起来家庭的人文环境，父母的价值观和人格特质是组成家庭人文环境的重要因素。家庭的人文环境对孩子的影响是巨大的，可能短期内看不到这种影响，孩子长大后，这种影响才可能比较明显。

学员P：老师，我家儿子得了急性泌尿感染刚好了。我想问您，怎么处理跟父母的关系啊，最近我跟妈妈关系非常紧张，家里气氛怪异。

左辉：为啥跟妈妈关系紧张呢？发生了什么？

学员P：之前在大同我妈帮我带了七个月孩子，现在我们刚回老家。我妈一直说话有点冲，回来后不知怎么我们两个一说话就要冒火。一有点小摩擦我妈就和我们冷战，不理我们，好像返回了我上初中时候的家庭模式。

左辉：你上初中的时候？为什么会这样？

学员 P：我妈好像对我怨气特别大，我老公形容我家现在气氛诡异，大家都很小心怕说错话。

左辉：跟你妈聊聊呗，母女之间有啥不能说的？这种气氛，最怕的就是不交心，大家都小心翼翼地怕对方受伤，其实自己蛮受伤，怨气不敢发，多累呀。

学员 P：上初中我跟我妈关系就很紧张，就像现在这样。我感觉自己就跟我妈的妈似的，得处处容忍着我妈。

左辉：怪不得孩子泌尿系统感染，泌尿系统和排便系统都与发泄相关。家庭的压力指向都是孩子，尤其是岁数小的孩子。要是真的做调查，我们一定会惊讶地发现，小孩子得的病大多与家庭的氛围是直接相关的。孩子是家里的短板，所有压力均会指向孩子。

学员P：那天孩子住院我也有想这个问题，所以现在想赶紧离开老家。

左辉：如果你目前无法跟妈妈好好相处，先离开也是可以的，分开至少对孩子比较好。

亲子相处的问题，不光是对小的孩子，对自己的父母也是同样重要的。应该说，这是一次很重要的成长机会，试试改善与母亲相处的模式，以前初中时没有解决的问题，其实依然存在，只不过被时间的尘埃淹没了。如今随着小朋友的出现，当年的问题重新浮出了水面。

如果妈妈到了更年期，也许你们之间的模式是倒过来的。现在你是当年那个小心翼翼的妈妈，而她是当年那个点火就着的你，有没有可能？这种模式让你能够切身站在对方的角度来理解当年对方的艰难——与你相处的艰难。

学员P：怎么解决啊？觉得我妈除了让我吃饭像妈妈其他都不像，好像我是妈！当年我妈也是，成天跟我呛。现在我也怨气很大不想妥协。

左辉：要是她现在能跟我诉苦，是不是也会说，闺女现在天天跟自己呛？你的怨气、想说的话是什么？

学员P：凭什么让我当妈？凭什么不帮我扛？

左辉：为啥要帮你扛？你本来就是妈妈，哪有凭什么？

学员P：妈妈不应该遮风挡雨吗？

左辉：对啊，那你就遮风挡雨呗，抱怨啥？

学员P：觉得小时候就是我遭殃，现在还是我！

左辉：为小的遮风，为老的挡雨，无论你现在有多少抱怨，实际上你还是做得很辛苦很好，要佩服下自己。另外我强调一下，追忆逝去的童年是可以的，上这里来嚎叫我们是允许的，但面对生活的时候要记得进入你当下的角色，否则，很难解决实际问题。

你还是你，还是小时候的你，不过就是身体长大了，心理长大了，能用来当雨伞啦。别用脑子，感受你自己就可以，这会儿的感受应该蛮奇特的。

学员P：我觉得我这是天大的事啊！刚才那么大的情绪就这样没了……突然就没了有点反应不过来，老师再说点别的吧，我觉得我有点不愿意（我的孩子的那一面还有点不满足）。

左辉：嗯，你跟你妈妈一样，不愿意进入妈妈这个角色，她不在身边，你只好老老实实当儿子的妈妈，一回到老家，你就指望让妈妈帮你扛这个角色，人家不干，于是你愤怒了。

3. 我脑门上没有月亮

学员Y：左老师，我有一个具体的问题。我们出去玩的时候，两个孩子会发生矛盾，我和朋友都会教育自己的孩子，孩子就会觉得不公平：为什么你不教育他，老来说我？遇到这样的情况我们应该怎么处理？因为矛盾双方都会有责任，可是孩子会觉得不公平。我们大人又会碍于情面，不会去批评对方的孩子。

左辉：因为你在孩子这个年纪的时候，你妈妈也是这样来教育你的，这就是你习得的模式。无论当年我们自己觉得有多不公平，正如现在面前的孩子一样的感受，但是到了自己当妈妈的时候，很自然地，就会用这个模式。

学员Y：我也知道她会觉得不公平，可是我又不知道怎么处理这样的状况。

左辉：按照一般的调整思路，我给你一个方法，你去照着做，初期可能会很有效果，但是过一段时间，你就无法做到了，为什么呢？因为你内心当年的那个孩子还在觉得不公平。当你按照孩子觉得公平的方法处理的时候，孩子觉得公平了，但是你内心的孩子却还是会觉得：为什么你不教育她，却老说我！

我家女儿跟小朋友吵起来了，两个孩子都哭得不行。俩妈妈讲了老半天，一人教育一个，怎么都说不和，还越哭越厉害。

最后，女儿抹着眼泪说了一句：妈妈，道理我都懂，你哄哄我就好了。那时候她才四岁！

两个孩子闹矛盾，妈妈们觉得很没面子，都急于把孩子哄好，以向对方展示：我对你没意见，我跟你没矛盾。急于哄好，势必带来压抑，因为我们就是这样对待自己的。而孩子其实蛮简单的，得到妈妈的安慰，很快就好了，道理对情绪没有作用，道理只是大人用来压抑情绪的武器。

学员Y：如果孩子在这个问题上就是有错误，可是在情绪点上，就是不认错怎么处理呢？我觉得我已经很放手了，我算是身边朋友里放得最多的了！

左辉：错误的标准是什么呢？放手的层级可不一样哦，让孩子到处撒欢，仅仅是身体层面的放手。允许孩子犯错，让她自己跟朋友互动，处理矛盾，自己去发现自己错在哪里，才算真的放手呢。

学员Y：比如我们在台湾的时候，两个我朋友的孩子，小孩子不小心踩了大孩子一脚，没在意，没道歉，大的就直接踩回，后来在小孩子已经道歉的情况下还补一脚，我就觉得是大孩子不对。那个大孩子在妈妈跟她谈话的时候就问：你为什么不去说弟弟，一直在说我？我朋友的回答是：他妈妈会教育他，我要负责的是你。

左辉：大人的人际标准与孩子是不一样的，大孩子的妈妈去安慰被踩的小孩子就可以了，不要当着别人的面教育孩子。孩子是爱面子的，被妈妈当众教育，感觉不好，所以孩子的反抗并不是针对这件事，而是针对“被当面教育了”。

孩子互相之间踩几脚，也许还有另外事件的报复，情况没有了解清楚，贸然教育，只会让孩子反感，而且起不到任何好的作用，仅仅是让对方看到——我教育孩子了——用这种方式表达歉意。

学员Y：孩子在发生矛盾的时候不是应该先制止吗？还是这个制止在孩子眼里也是被当众教育？

左辉：如果孩子们并没有闹起来就不需要制止，如果闹起来了，去安慰被欺负的那一个，别老是用“中华好孩子”的标准来训练孩子。你看见的时候制止他欺负别人，你看不到的时候呢？你确定他不会变本加厉吗？

要打架的孩子当然要劝阻下，这也仅仅是因为父母在场，要显示一下正统的人际标准，不许打架，仅此而已，但不要义正词严地开始教育。

学员Y：在这件事情上两个人都势均力敌，小孩子也没因为小吃亏，大孩子也没因为大占到便宜，所以在这样的情况下大孩子在我们拉开两个人以后又补了一脚，我就觉得大孩子不对了。

左辉：你心里有杆秤，一直在衡量公平与否，一直在拿某个行为标准计量眼前行为。但这杆秤，是你心里的，对吧？

学员Y：我希望对每个孩子都公平，虽然不是我的孩子。

左辉：用你心里的秤，衡量别人的行为，以此作为评判标准，对别人而言，这是不公平的，对吗？

学员Y：如果是我的孩子，我倒希望她吃点亏。

左辉：所以，你内外有别，对每一个孩子，你的标准因为身份的不同也会改变。你为什么希望自己孩子吃亏？

学员Y：那样我就不会那么愧疚了。

左辉：所以，你并不是出于对待孩子的爱的心，你是出于自己的私心——不那么愧疚。所以，你内心的公平仅仅是你想要的，不是别人想要的，对吗？

学员Y：好像是的。我觉得我的公平好像是一个比较合乎常理的价值观，或许这个价值观在具体的问题里有具体的参数变化，就不是那么公平了，是吗？

左辉：你意识到有时候价值观放在现实生活中，可能不是那么公平的，就很好了。

学员Y：那么遇到具体问题的时候我应该怎么办，不去做一个评判吗？

左辉：当公平心升起的时候，稍稍停一下，提醒自己：我有可能是错的。

放松放松，挺漂亮一个美女，非拿自己当包公，你以为你脑门上有个月亮啊？

你记住一句话，我送你个咒语：我不是包公，我不是青天，我脑门上没有月亮。这个咒语要天天念，这对你有好处，会快乐很多的。

学员Y：其实这个也适用于大人世界，不要去评判别人的生活，你不是对方，不知道别人发生了什么。

左辉：大人评判下也没关系，反正你也拿人家没办法。但是孩子还没长成呢，人家的人生都没展开，小苗儿才露头，谁知道未来是什么样子呢？

树小的时候，你刻下的图案，长大后，那图案也长大，而且已然成了这树的一部分，成了它抹不去的痕迹，人也一样。

我们的疗愈，一般能起到的作用，仅仅是帮助树看到自己的痕迹，了解这痕迹的来龙去脉，遇到事情、伤痛的时候，能够知道，有多少伤痛是这痕迹在痛，有多少是面前鸟儿翅膀划伤的。

学员 Y：我很容易遇到事情就去做价值判断，而且认为我想的就是对的，今天意识到不是这样的。

学员 X：昨天我就当众教育了我儿子，我妈妈小时候的确也这样教育我！被教育时觉得可没面子了，感觉以后碰到在场的人都不好意思。

左辉：妈妈错了，你是好孩子。

学员 M：妈妈错了，你是好孩子……心里想哭。

左辉：亲们，妈妈们，我们一起来说。妈妈错了，你是好孩子。

学员 M：妈妈错了，你是好孩子。

学员 Y：妈妈错了，你是好孩子。

学员 X：谢谢左老师，谢谢大家，你们的拥抱很温暖。

学员 M：我妈妈一有不如意的事就把责任推到我身上，我其实特别需要她的肯定与鼓励。

左辉：用现在的自己，安慰需要肯定的自己。你长大了，你可以做到了。

学员 M：是我妈妈的错，我是好孩子！

左辉：啊，不对。用妈妈的口吻可以这样说，用你的口吻去理解就错啦。你可以说——妈妈也会犯错，我是好孩子！

学员 X：我们的妈妈当时也不懂怎么做妈妈，如果她们知道这样会给我们伤害，她们也不会这样做的。她们的成长经历甚至比我们更挫折。

学员 M：是啊，她们也经历过我们的伤痛，她们不会有更好的方式。以后我妈再这样，我就在心里对她说，妈妈也会犯错，我是好孩子。

4. 在排便中自控

学习对大小便的控制

学员A：我家女儿，二十三个月，经常随手扔东西，我搞不清她具体什么情况，只是感觉她这样不太好，也不知道算不算处在肛欲期。还有就是她提出要求之后，如果三秒之内没被满足，就开始哭着要求了。是我反应太慢，还是她的问题呢？

左辉：二十三个月，进入肛欲期了，这是个学习控制的阶段，对大小便的控制是此时的人生主题。所以，控制与自主就成为这个阶段孩子们需要养成的重要品质。孩子在这个阶段会试图对你进行控制，用哭的方式、用捣乱的方式、用不让大人上厕所的方式等。比如，孩子扔东西，我猜一开始扔的时候，你们采取的是捡起来的动作，这个动作足以让孩子很开心了，因为她可以轻易地控制你们，让你们做她想看到的动作——捡球。甚至到现在，她可以通过这个方式控制你们的情绪，想让你们帮她捡球，或者想看你们发怒却无计可施的样子，就用扔球的方法，屡试不爽！

我们很多的孩子在一岁前就开始把尿了。把尿的孩子，容易养成的品质是控制与反控制。这个阶段，孩子的肌肉和反射系统没有完全长好，就是在这样的控制中，孩子因为尿裤子会感觉到羞愧，因为控制好了会感受到自主。我经常开玩笑说，中国人性格中的控制与反控制品质，全是把尿培养出来的。当员工的时候，想的是怎么反控制；当领导的时候，想的是怎么控制。你家的孩子在试图控制你，肯定是你们对她的控制太严格了。

所谓哪里有压迫，哪里就有反抗，这么小的孩子有这么大力量的反抗来进行控制，肯定是被控制得太严厉了。

学员A：那她用哭来控制我们，是不是应该跟她说“等等”？

左辉：如果让孩子学会“等等”，父母就要学会尊重孩子，对孩子的有些要求要告诉她原因，慢慢用孩子能懂的语言解释，孩子比我们想象中讲道理。两岁到四岁的孩子，需要家长给孩子一定的控制权、选择权和自主权，这样，当你告诉他“等等”的时候，他才愿意配合，才愿意控制自己的欲望。从你问的第二个问题看，你平时对孩子的控制是很严格的，比如吃饭睡觉的管理，比如大便小便的管理，有点过了。

学员A：那现在该怎样缓解呢？我们不去控制她？她最近一个月，吃饭总是走动，越让她坐下就越不坐。

左辉：吃饭是需要立规矩的。比如跟大家一起按时吃饭，要有专门吃饭的位置。不要怕孩子弄脏，让她自己抓着吃，吃成啥样儿都别训她。但是，一离开桌子就没得吃了，不要满处追着喂，饿两顿没关系的。惩罚孩子的时候态度要和蔼，要不然，孩子认为是你生气了，心情不好才惩罚她的，而不是她的行为不对受到的惩罚。用规矩来惩罚和用心情来惩罚，这一点中国父母总是做不好。孩子进入反抗期了，她要反抗你们的管制，给她一定的自由和控制感，但是规矩要清晰，执行要和蔼，惩罚要彻底。否则，你就惨了，她会迅速反过来控制你！

对自我欲望的严格控制与憋大便

学员B：我儿子到现在还有憋大便的情况。已经十岁了，小时候有一阵子大便干燥，我没有给予及时有效治疗，他就会憋着，后来家人总会提醒他拉大便，但是到现在还有憋的情况出现，是肛欲期没处理好还是心理上的问题？小时候孩子是把尿的，晚上用纸尿裤。白天爷爷奶奶带，他俩有点洁癖。

左辉：你家孩子已经长大了，形成了另外的衍生出来的品质——对自我欲望的严格控制和对成人的讨好。这其实是个很敏感很善良的孩子，他不愿意你们生气，所以会朝着你们想要的方向努力，宁可委屈自己，只要大人开心就行。

我感觉，这个孩子背后的情绪是恐惧。你说过，爷爷奶奶白天带他，他们是有洁癖的对吧？

学员 B：是呀，他自己的愿望从不会强硬地提出来，会采用迂回的方式。而且奶奶就有讨好的品质，做事情一定要做到自己认可的标准，而且也希望得到别人的认可。

左辉：奶奶对孩子的管理过于严格了，注意，我说的是严格，不是严厉，态度上可能非常好，但是小事上的管理过于严格。如果是非常外向的孩子来说关系不太大，但你家孩子是内向的性格，这种严厉会对他造成困扰。

现在能够做到的解决方案是：你们夫妻自己可以尝试着多跟孩子沟通，让他带你们玩儿，如果错了，千万别指出来，注意，是别指出来，愉快地当成个插曲就可以了。让他知道，犯错是家常便饭，天不会塌下来，有困难还有爸妈呢，爸妈是可以用来依靠的。让孩子形成安全感，让他知道他不会因为无意的犯错受到惩罚，当然，故意犯错还是要小小惩罚一下的。但这个惩罚就是个意思，是个好玩的过程，比如，给你们倒一杯水，当一天妈妈的小仆人，等等。

学员 B：好的，其实反观我自己，我对他有很高的期待，希望他是一个完美的小孩，虽然表面上给他自由。所以我的责任很大。

孩子安全感不够与不在外面排便

学员 C：我们认识一些小朋友，刚上幼儿园的，或者都已经十岁了，还不敢在外面排便，下午奔跑回家拉便便。这通常是因为儿时没练习自主如厕，成人过于严厉，或者过多帮助脱衣裤，在幼儿园动作慢，怕受到老师批评等。

学员 B：在外面能不排便尽量不排，我们就是这样！

左辉：排便的事情的确是件很重要的事情，排便与自我控制直接相关，它也代表了情绪的发泄。

我们自己感受一下，排便的时候，你想要什么样的环境？干净！设施好用！放心！不会有人闯入！对吧？所以排便的时候，本来是一个人最放松的时候，这个环境就要求私密和安全。但是有几个幼儿园和学校的卫生间能做到这两点？漏水、设施不好用、臭气熏天，是我们中国大多数卫生间的通病。

为什么呀？因为我们不注重排泄与控制！我们关注入口——吃！我们忽略出口——拉！

我们的碟子呀、餐桌呀、美食呀，都很讲究、很美丽，但我们的很多卫生间就很惨，舍不得多投钱嘛，当然，更重要的是不会管理！

孩子们不肯在外面排便，多是因为安全感不够。孩子对陌生环境是恐惧的，尤其以幼儿园的孩子为甚。如果小学阶段还有这个问题，多半是因为孩子性格本身有这样的倾向，即对外界环境的恐惧感。实际上，他们对陌生人也是恐惧的。很多这样的孩子反而会对外界表现出超强的顺从。如果肛欲期父母或者监护人管控过于严厉、规则感过强，就会造成孩子在排便上出现问题，严重的可能会发展成“洁癖”。

要知道，幼儿园不肯排便的孩子不只你家一个，我知道不少的孩子都不肯在幼儿园排便，因为太紧张，集体活动，一大堆要求，孩子会恐惧，所以宁愿不排便。憋着其实很难受的，对吧？但是与恐惧和紧张相比，憋着反而是更容易忍耐的，所以他们会选择憋着。如果幼儿园的卫生间跟教室一样可爱漂亮，孩子们对卫生间充满好感，觉得那是自己的领地，我相信，他们是会慢慢愿意在那里释放一下的。

大孩子不肯在外面排便，跟早期过于被控制有关，这种控制不仅仅指的是对孩子的管理和要求，还包括对孩子无微不至的照顾。除了尽可能带孩子去干净安全的卫生间外，还要注意放松对孩子的要求。

5. 内疚感控制在家庭中轮回

左辉：今天我们讲讲内疚感控制。内疚感控制，大概是父母用来教育孩子的最有效的手段了。很多人从小就听父母讲：自从有了你，我这样辛苦，我那样付出……

所谓内疚感控制，无非就是用某种方法，让你内疚，而后你开始屈服，达成对方所求。比如，父母为了孩子，经常会做一些委屈自己的事情，而后，在某个机会，不经意地将这委屈呈现出来，孩子看到后，心里开始生出内疚感，觉得自己不好，于是，赶紧按照父母的要求来做事。

学员 X：那我要不内疚呢？

左辉：只要有爱，就不可能不内疚，除非你真的到达了另一重境界：觉知。

学员 X：对父母来说，自己的目的达到了，对孩子会产生什么后果呢？

左辉：孩子内疚后，遵照父母意愿去做，孩子也会委屈，这种委屈累积多了，孩子会愤怒，但这种情绪是不被接受的，所以，会转而形成其他情绪。

比如，这孩子可能特别乖巧听话，总是可怜兮兮地，总是挨骂，总是让旁人觉得不忍。这背后依然是试图进行内疚感控制：我都这么乖了还挨骂，我都这么努力做你想要的却还挨骂。

学员X：孩子会经常有对不起的感觉吧，没有办法按自己的想法做事。

左辉：孩子这种对不起的感觉依然是内疚感控制，所以，往往会激起父母巨大的愤怒。

父母用内疚感控制孩子时，孩子的愤怒是不能被认可的，只能转向，变成讨好或其他情绪，甚至反向进行内疚感控制。但孩子用内疚感控制父母时，父母的愤怒却可以直接表达，因为父母有的是借口对孩子生气。而且，我们总有种潜规则——父母骂孩子天经地义，孩子若骂父母，那是大逆不道。

学员 A：周日，我被公公婆婆批评哭了，是不是这样子？

左辉：你哭之后呢？婆婆有什么表现？

学员 A：我忍不住，就躲到另一个房间去哭，先生就在原来的房间大声辩解。我理智上虽然知道要做乖小孩儿的情结在扰动情绪，但我就是觉得很委屈。孩子进来问我为什么哭，我说眼睛进虫子了。婆婆后来进屋拍拍我背，说她说话直，有什么不对的地方，让我多担待。我趁着他们午睡的时间出去逛逛街，缓和了些。

左辉：所以，你也是内疚感控制的高手哈，用哭的方式成功地获得老公的支持，孩子的关注，婆婆的安抚。

学员 B：哈哈！对呀，委屈不是人的自然反应吗？

左辉：委屈是自然反应，但大多数的委屈是调用了之前很多次委屈所积累的能量，本来该事情引起的委屈能量为 1，但是加上之前累积的 9，就会在事件中爆发出 10。这 10 级的感受当事人是真实体验，但事情的施予者就开始纳闷：至于嘛，不就这点儿事嘛！

学员 B：太对了。

左辉：于是，施予者也开始委屈，新一轮内疚感控制就开始了。

学员 B：妈呀，没完没了了。

学员 A：我公公刚跟我们投诉我弟妹在家里扔鞋底子、小木椅子和小叔干仗，一会儿又来教训我们，说我们让我亲妈做很多家务，累了她的身体，说得好像我妈马上就要躺倒了不行了似的。

问题是，我每天早上不到七点就带着孩子走了，晚上七八点才带着孩子回家，还请了小时工每天做家务做饭三个小时。孩子从小到大，就没怎么让老人管。我也不知道老人要我达到哪种标准他们才满意。

左辉：你前面的内疚感控制成功了，现在轮到公公婆婆控制了。这就是我们前面讲的轮回性。家庭中，这种“轮回”一直在上演，成为我们日常生活中的一部分。经常是大人之间的小矛盾，最后演化到孩子身上。比如，你们的内疚感控制最后的落点，就变成孩子从小到大，到底是不是老人管的。如果你能看到真相，也许争吵会少很多，对孩子的不满也会少很多，教育的压力也就没那么大了。

三、学校关系

1. 孩子在学校受到冷遇

学员 J：孩子遇到朋友的冷遇该怎么处理呢？九岁的孩子很看重友谊，但又不懂如何面对。

左辉：一般不同年龄段的孩子，遇到这样的问题处理方式是不同的。孩子年龄越小，家长对孩子朋友的冷遇越可以忽视，只要关注孩子自身的情绪就可以了。九岁的孩子比较注重友谊，但也还是在人际学习的初级阶段，所以家长不要太多干涉孩子的这一类事情。安慰，鼓励，然后让他自己想办法。

孩子们经常今天好了，明天不好了，过几天又好了，原因也都五花八门，有些甚至直接挑战大人的价值底线。做父母的，能够有比较一致的价值底线和对孩子的保护措施就可以，不需要太多指导和干涉。

比如明明知道可能是那家孩子的问题，甚至是对方家长的问题，但是不能插手，不能多嘴；明明知道怎么样去改变这个状况，但是不能告诉孩子，心里千万个爪儿伸出来要去帮孩子，必须再伸出千万个爪儿抓住自己要伸出去的手，做起来非常历练人。但是原则还是要有的，比如不能伤害别人，不能破坏环境，不能伤害自己，等等。

给孩子的建议可以是：一般同学们比较喜欢优秀的朋友，你喜欢的朋友大多也是有特别好的一面的，对吧？不一定非得是成绩，但是你要有个让大家佩服的地方。比如我小时候爬树不如人家，但我看很多故事书，我讲故事特好听。所以，大家都很服我，因为想听我讲故事。

有时候我们大人看来没多大事，小孩可能就认为遭遇了冷暴力，特别难受。可以告诉孩子，朋友有时候无视你，可能是因为他自己心里在想事情，根本没注意到你想跟他一起玩。作为家长，帮助他转移注意力，能够做到与父母在一起时快乐多些，就可以了。这些难受孩子可能会在瞬间化解，超出我们的想象。

学员 J：孩子自己分析，觉得是老师最近过多地表扬他导致的。

左辉：也有可能，得到表扬多了造成了同学的距离感。没有关系，让他自己面对，虽然有些残忍，他还是会找到办法的。家长的引导很关键，当然，这个引导取决于家长自身对于这个问题的态度和看法。如果家长觉得被表扬当然是好事情，同学太矫情，这个态度一旦传递给孩子，恢复友谊就不太容易了；如果家长觉得，可以理解同学的反应，想想怎样才能让孩子得到表扬的同时也得到同学的支持，几句话可能就会缓解孩子的焦虑。这样的事情会很多，时间久了，就会对孩子形成一定影响，要么按照你设定的方向变化，要么跟你不停地拧巴、纠结。所以，家长提供的引导仅仅是一个建议，结果取决于孩子自身的选择，不要太关注结果。

有些家长容易犯的错误，就是引导都没有问题，做得也很好，却过于关注结果，太想看到自己的努力在孩子身上见到了成效。结果呢，一开始也许还好，但随着时间的推移，效果却越来越差。

也许孩子接受了你的建议，但是结果却并不太好，那没关系。家长要看到的是，在这个过程中，孩子是不是学会了对不好的朋友关系有比之前多一点的容忍；是不是学会了在看到糟糕关系的同时能够看到背后的原因；是不是能够在遇到问题时，在不好的情绪中学会寻找原因；是不是能够在结果不好时，对朋友不会丧失信心，还能够恢复友情；是不是对于实在恢复不了的友情，能够坦然放弃。

这些都是人生中需要学会的一些能力。看似事情很小，很简单，但这背后积累起来的力量却会在以后的生活中起到至关重要的作用。

有时候看到孩子的问题，父母会忍不住指出来，让孩子改正，这是可以理解的，但这并不是个好方法，孩子需要在不停的犯错中学会怎么去处理自己的事情。小人儿的人生还没展开哪，有的是时间犯错再改正，跌倒再爬起来。

你们有没有观察过，如果孩子学走路的时候从来都没摔过跟头，长大后走路其实不稳当？因为他没有机会懂得走路是需要调节重心的。在潜意识中并没有“重心”这样一个词来标明，而是摔倒好多次之后，在感受中总结出来的。潜意识自然会在走路中做出调节，大脑的意识基本上都没参加这个活动，若没有摔过跟头，这个感受就不会那么清晰地形成，也就不会有这样的调整机制。

我们所有学到的人文的、社科的、心理的关于孩子成长的学问，都是人类通过长久以来的经验总结出来的。所以，是先有了经验，才有了理论。但是我们现在教孩子的时候，变成了根据理论来教育，怕他们犯错误走弯路的同时，也阻断了经验形成的路径。有时候，不管你愿不愿意，都会发现你本来明白的道理，却偏偏要在犯错吃苦之后，才能真正明白。而如果你自己有这个胆量，实际上，你的那些犯错经验总结出来的理论，也并不一定比现在的那些育儿理论差到哪儿去。

所以，父母们还是要有一点意识：现今所学的理论知识由体验总结而来，但并不是为了避开自己的体验。知识了解就可以了，它起到一定的指导作用，能让我们放松些，仅此而已。该是我们需要的体验根本不可能避免。该是孩子的体验，包括非常痛苦的体验，也同样不可避免。无论做父母的多么优秀多么成功，你的那些经验都不能够代替孩子去体验自己的痛苦。

7. 允许孩子跟我们不一样

左辉：我今天看到新闻，某些大学开学，家长们要打地铺过夜，因为送孩子来不及返回。学校也很苦恼地发现开学注册的很多事情，居然是家长来代劳，学生们自己不会。我们这是培养了一批生化机器人吗？专门做题的生化机器人，还不是做事情的。

我以前在一个教育机构培养孩子的时候，有些方法在传统教育看来特奇葩。比如，有的孩子数学不好，我们的老师带着去打球，在球场上练反应力和即时观察全局。鼓励与威胁并重，孩子们的成绩提高很快，这可不是仅仅坐在教室里能够学到的能力。

中学的孩子，开始要有些自治的机会。无论对个人，还是对小团体，家长和学校不要干涉太多，让他们随便去折腾。

我刚开始做企业的时候，带着员工做事情，什么都要按照我的思路来做，却老是发现他们做得不够。后来我突然发现，有时候我没顾上，他们自主去完成的事情，程序完全没有按照我说的，做出来的结果却远超我的预期。

后来，我干脆放手了，告诉他们目标，其他的不管了。虽然偶尔会忍不住百爪挠心，但放手的结果确实比较好，大家的各种积极性和自主能动性都被调动起来。我后来自己反省，一个人不可能对别人的想法理解到100%，做事情的方式更不可能按照既定的模式——当然，大的程序和一定之规还是有的——允许别人用自己的方式完成目标，往往效果更好。

教育孩子是同样的。他学习的方式，做人的方式，都和我们不一样，我们允许他不一样。只要在基本的做人态度上善良、乐观、喜欢交朋友，就可以了，其他的按照他自己的节奏和方式来。

学员 A：女儿刚上初中时，我的做法是多关注她有没有交到新的好朋友、好闺密，我自己主动与班主任多交流沟通，让班主任因为记得我是 ×× 的妈妈而关注 ××。因为同学和老师是与女儿相处时间最多的人，多了解他们很重要。

左辉：这是个聪明的妈，赞一下。我家是开放空间，女儿的朋友可以随时来，我准备饭准备各种零食水果，各种招待。她们自己玩儿，我溜到自己房间给人家腾地方。

我跟女儿商量的规则是，她的朋友要带给我认识，我不干涉，但如果是我认为有问题的朋友，我会提出来跟她协商。

女儿：那要人家不肯见你怎么办？

我：你妈好不好？

女儿：好！

我：同学们喜欢吗？

女儿：都很喜欢，大家都希望他们的妈妈能像我妈妈那样就好了！

我：如果是这样，你的朋友不肯见妈妈，说明她不想很深入地了解你，对吗？

女儿：对！

我：不愿意多了解你的朋友，是不是真心喜欢你的朋友？

女儿：好像不是！

我：如果你的好朋友说想请你去她家，你愿不愿意去？

女儿：我愿意去，除非她们家不欢迎同学去！

我：那不肯多了解你的朋友，妈妈会担心，你能理解吗？

女儿：好吧，我带来给你看，妈妈，要有好吃的哦！

孩子是喜欢集体生活的，即便是内向的孩子，只是程度有些区别而已。如果他完全不喜欢跟其他同龄孩子在一起，那一定是有什么阻碍了他，这是需要介入了解的。

青春期的孩子，如果没有正常的同龄人的往来，他所有的叛逆能量都会用在家庭里，那父母们可就惨了。所以，鼓励和创造机会，让孩子与同龄人多多交朋友，多多往来，是非常重要的。

学员 X：孩子在幼儿园没有固定玩伴，跟每个人都能玩，也玩得很好，但不深交。别的孩子回家会说：我想 A 了，我要找 A 玩。我家孩子不会，这算不算问题？

左辉：孩子只要能够跟其他孩子玩得挺好就可以啦，孩子的天性特质不同，有些孩子很喜欢玩伴，有些孩子不会依赖，这没有问题，放心。就算是只跟几个孩子玩得很好，也是没问题的。如果家长比较在意孩子与外界环境的关系，可以以家庭为单位，多与其他朋友一起带孩子玩，培养一些“发小”。

现代中国家庭，大多是一个孩子，所以孩子们也没有机会跟其他孩子保持比较亲密的关系，社会伦理从来没有这么单薄过。制造一些机会和一些氛围，让孩子有一些特殊关系的伙伴，还是很有必要的。

如果孩子还是对其他人不感兴趣，或者从来没有想过某个朋友，那要留意一下，到底是孩子对伙伴完全没有感觉，还是其他的原因。如果孩子跟谁都不玩，或者对其他小朋友表现明显敌意或者排斥，这是要注意的。

3. 孩子不肯去幼儿园

学员L：左老师，我家女儿，今年升到中班了（幼儿园），昨天和爸爸说不想上学，说没有交到新朋友。这是什么心理反应呀？

左辉：中班没有老朋友吗？不是一个班一起上到中班？

学员L：是一起上的，但好像调座位了。爸爸说她的桌子旁坐的同学有新的小朋友了，特别是老师说她的同桌中有一位小女孩不和任何小朋友玩。

左辉：老师对调座位的解释是什么？

学员L：我没问，因为这几天不是我送的，我是不是需要问一下老师呢？但我不敢冒昧去问，怕老师烦我。

左辉：这个是要问的。如果孩子不在意就没问题；但是孩子要是在意，就是问题，所以老师要有个解释呀！而且你的解释和老师的不能有冲突，否则孩子就糊涂了。

你可以仔细问一问，跟孩子聊一聊天，细节往往就能聊出来，真正的原因也就聊出来了。但是有时候孩子给出来的原因并不是真正的原因，可能只是比较容易表达出来的原因而已。

有些孩子可能是规则感很强、程序感很强的孩子，她熟悉了这样的座位方式，就不想有任何变动，这种变动让她觉得不舒服，也是很有可能的。

学员L：上学期，老师总跟我说，我家Lucy人缘特好，和谁都能玩到一起，所以这方面我从来没有担心过。但今天早上孩子这么一说，我就有点不明白了。

左辉：今天接孩子的时候先跟老师聊一聊，回家再跟孩子聊。鼓励孩子适应这种变动，在不满意的环境中找寻还能满意的角度，也是很重要的。

学员L：她爸爸今天跟我说要不要教孩子怎么交朋友，我觉得爸爸好像比孩子更加焦虑。我说先让她自己找方法，观察一下，大人不要表现出过分焦虑，我这样做对吗？

左辉：反正四平八稳地带给孩子一种“天塌下来都有爸爸顶着”的感觉还是不错的。但是要注意，这样的前提是爸爸真的能做到，要是做不到，可以在情绪起来的时候回避一下。如果实在不行，就老老实实跟孩子承认：我现在很焦虑，让我缓一会儿。其实你们两个都焦虑，只不过你表现得更加淡定。

学员L：我早上是这样和孩子说的：Lucy，如果你想和哪位小朋友玩，你就和他说，“我很喜欢你，我们能一起玩吗？”

左辉：你是个行动派的人，一旦焦虑，你的执行能力就会超强。你的这个指导，就是焦虑的变种。先停一停，不需要指导她。

学员L：我是觉得有问题更重要的是解决，但不能在孩子面前也表现焦虑，这样孩子会觉得没有安全感。那我是不是不要先教孩子怎么做，应该先找老师沟通然后回来和孩子再聊，最后一起找方法会更好呢？

左辉：你什么都别做，回家的时间开心带孩子玩就行。让脑袋停一停，你急于解决这件事情，脑袋转得太快了，停不下来，也听不明白我说的内容。

学员L：意思是先不急着做什么，对吗？

左辉：看自己，看自己，你还说别焦虑，结果自己这么焦虑。这么焦虑是帮不到孩子的，反而让孩子感染了你的情绪，所以，先看看，自己为什么这么焦虑。

有些时候孩子身上出现的问题，其实就是生活中必然会出现的一些状况，看到这些状况，找找这状况产生的原因，然后再琢磨到底要不要做什么。孩子对上幼儿园的排斥，也许是环境改变的原因，也许是朋友的原因，也许只是今天的小水果被别的同学抢走了，行动之前，先定下心来看看，到底发生了什么。父母需要去改变的，并不仅仅是让孩子适应幼儿园，而是在孩子遇到一些困境时，教会孩子怎么清晰表达和请求帮助。特别是在家以外的环境，如何表达诉求，是需要长期坚持和训练的能力。

4. 老师对孩子为什么会不温柔

有家长感慨“老师为什么越来越不温柔”，这个话题我们可以聊一聊。小学老师和中学老师的情况不一样，要区别对待。

首先，我们的班级设置人数太多。心理学成长课的要求是每次人数大概控制在 30 人，这个数目能够保证在 3 天的教学中老师可以关注到每一个学员，这还是对成人；孩子们自控性差，更需要老师耗费精力，所以，三年级以下的课堂，40 人以上的集中式授课从成长角度来讲，完全是错误的做法。小孩子应该分组，5 ~ 7 人为一个小组，小组内要完成共同的任务，集中时间在 10 ~ 20 分钟比较合适，随着年龄的增长，集中时间可以逐渐增多。

然而，我们的实际情况是不可能达到这样的，这就需要老师又要讲课，又要维持秩序，又要关注有问题的孩子。我不知道父母们有多少人在大课堂上讲过课，其实讲课是一件非常耗费精力的事情。一堂课讲下来，尤其是小学生的课堂，老师是头晕目眩的，因为我们传统教学以老师讲、学生听为主，这种完全理性的教学方式特别费脑子、费气。

理性的思维世界中，一切都要有序，如果无序，理性会出现混乱。所以，孩子们的淘气和一些无序的动作，会让老师们直接升起巨大的愤怒，这是一种本能反应。

我们课堂纪律的管理，真正遵循的原则其实是军队的管理条例，源自儿童团。我上中学的时候，我们学校和美国一个中学结成了兄弟友谊学校，美国学校的校长带着儿子女儿来和我们友好访谈。讲座中看到他展示的课堂照片，他们的教室是透明的，学生脚丫子翘在课桌上躺着听课，如果对这个课堂的老师不满，还可以转头去别的课堂。

当然，这也自由得太过头了，但是“管理”这个词，在中国，总是多多少少带了些军队的范儿。奥运会的入场仪式，最近几届我国的运动员开始放松走了，以前我们的方阵要专门训练，走得跟军队似的。这种教育思想的影响在逐渐淡化，但还是有影响，这个影响不可忽略。

老师们在说爱的教育的时候，年轻的老师是真的容易表达爱的，年纪大些的，可能稍稍有些问题，为什么呢？

因为我们当年得到的爱没有那么多，我们其实没有被民主地对待过，我们的潜意识中根本不知道什么叫爱，什么叫民主，什么叫尊重！所以，年龄大的人，一表达爱，即使有，也是一肚子的柔情蜜意说不出来。到了老师这里，爱就转变成了恨铁不成钢，具体的表现就是规则、规则，你们给我守规则！注意，是“给我守规则”！这不是真正的规则，这是老师标准下的规则。教育的目的，在潜意识中，变成了这句话：按我说的做，否则就是错！

还有时候会出现这样的问题：一说到爱，就觉得要温柔。谁说爱等于温柔？爱就是爱，与任何形式无关，这是一种很纯粹的感觉，不能以形式来判定这是不是爱。

我上学生团体课的时候，有一个初中的孩子，我让他坐在我旁边，我随时拍一下他，或者瞪他一下，或者有时下课罚他做 100 个俯卧撑，分期做完。因为他总是捣乱，我又不能分心去琢磨他一个人。他并不会觉得我不爱他，我瞪他的时候，他懂得收敛，也不会就此捣乱。也有偶尔拧巴起来的，怎么都不肯完成课堂要求，那就拧巴呗，下一次，他也就好了。因为不懂爱，所以说到爱，才会想着温柔就是爱。那是因为我们小时候一直被严厉或者恶狠狠地对待，我们对温柔充满了渴望。我们内心的小孩子，总是期望着能够被爱的人温柔对待，我们以为那是我们最最期望的爱。

我们一旦严厉，就变成了当年小孩子面前那个可怕的大人，那是我们心里长久以来形成的一个映像。也许现实中那个大人并没有那么凶恶，但是小小心灵感受到的严厉，就是这样的凶恶。所以，我们有时候会无意中扮演这个自己内心痛恨的凶恶角色。虽然如此，我们还是要学会安抚那个凶恶大人面前受伤的小小自己。

当你的规则感拔地而起，想要吼孩子的时候，对自己喊停。让孩子自己玩，你去冷静一会儿，看看自己的感受——你会发现愤怒的自己背后，有个小小的难过悲伤委屈的自己。先安抚自己，再管理孩子。

当我们自己对自己有足够的爱，无论这是多么不争气的自己，你会发现，有一种温柔，你没有练过就会产生，就算你在吼叫，你的眼神也会无尽的温柔，你的孩子，或者你的学生，不会再因为你的严厉而抗拒。

5. 孩子在学校受委屈的时候

学员S：今天有件事情，我不怎么开心。孩子今天放学回来不高兴，我问他怎么了，他说是跟老师的秘密。我告诉他如果是个高兴的秘密你留着它，不高兴的秘密跟妈妈分享的话，你就剩下了一半不高兴。后来孩子告诉我，今天大队会前，老师讲要求，孩子低头收拾位子，被老师发现，老师左右手前后掐住脖子把他从座位上抓起来，然后又推着胸口让他坐下，孩子当时哭了。

老师在大队会后表扬孩子坐姿好，奖励了一块糖，并说今天大队会前对他要求严格是喜欢他，这是属于他们的秘密，不能告诉别人。

今天孩子得了上学一年半以来全班最多星星贴墙上的奖励，是四颗星，但我并不高兴。我不愿意让孩子同意，别人给他东西就能打他。

但是老师跟我们关系不错，经常交流孩子的情况。而且我的孩子除了体育差一些，还是蛮好的一个孩子，学习很好，也不闹，爱看书，记忆力好，非常懂事，是班里最大的孩子。

我不知道怎么跟孩子谈这件事情，大家给出出主意。

左辉：男老师偶尔动作粗鲁些，只要不是故意伤害，倒也无妨。力量抗衡中，男孩子虽然会生气，但也对男性力量生出感觉，不能算坏事。但是老师之后的道歉方式可就大错特错了，老师用身体展示了力量，却输在真正的勇气上。

跟孩子谈，有两点提及即可：

小秘密一定要告诉妈妈，大秘密告诉爸爸。父母知道秘密不是为了窥视，也不是要插手，只为了确保孩子的安全。

觉得自己错了，就大胆认错，这才是真正的力量和勇气。老师其实知道自己做得不对，但是他没有那么大的勇气开口跟你道歉，所以用这么多好处来补偿也是在道歉，虽然并不是很让人舒服，但是，我们试一试宽容他吧，也许，下一次他会更有勇气些。

学员X：这秘密的大小怎么分啊？

左辉：大小有啥区别？反正你们父母都分别知道，难不成你们还瞒着对方？

学员X：但孩子会问怎么区分啊？

左辉：让孩子自己决定。

学员 X：那如何让孩子在独自面对时保护自己呢?

左辉：孩子是不会保护自己的，尤其在老师面前。平时多聊聊学校的事，观察孩子的表现，突然有反常表现时一定要注意。我女儿聊到老师在学校对待同学的粗暴行为时，我都会问一句：老师有没有这样对待你？如果有，一定要告诉妈妈。

我女儿会问：你打算怎么办？我回答：那要看是什么事情，但我决不允许任何人伤害到你。

学员 W：我曾经和女儿说过类似的话，然后女儿隔天跑学校和老师说，我妈妈说您昨天不该和我那样说，应该和我道歉!

我就后悔没加一句：妈妈理解你，但别人理解你需要时间，学会给别人时间。不知道孩子们遇到这样的事情会不会心里都着急想证实自己的想法，而说出让大人尴尬的话。

左辉：很有可能会这样。如果孩子是这种性格，得教她怎么说。比如：老师，其实您跟我说对不起就可以啦，我挺好说话的！另外，对于小学的孩子，如果你觉得老师的行为需要道歉，我建议家长出面，不要让孩子自己面对这种压力，当然，方式方法要注意，老师也不是圣人，难免会出差错，家长出面是为了解决得完善，不是兴师问罪。

学员 J：换个角度反推问题：有些孩子特别调皮，沟通道理行不通、吃硬不吃软的那种孩子，作为老师该怎么办?

左辉：特别调皮的孩子，往往特别听话，你信吗？沟通道理没有用，喜欢他们就行。

学员 J：女儿同班有这样的调皮孩子，老师如果管教不了这样的孩子，受伤害的就是其他孩子。

左辉：关于学校有淘气孩子的事情，如果不是真的动手打人，我倒觉得不必太过于担心。这是孩子的小小社会，终有一天，孩子要面对真正的社会，在与同龄人的互动中，学习的也就是如何应对各种问题。

这个学习过程非常重要，也是“无中生有”的一种学习能力，从不会应对到被事情逼着学会了应对，这本事可不是讲道理能够学会的。

父母在自己的成长历程中学会了自己的应对模式，虽然不一定最好，但至少应付自己的事情还做得不错。我们受过伤害，所以很怕孩子受伤，总想用自己的经验教训来指导孩子，让他们能够走得更顺利些。

但是要知道，你的经验教训是你的人生总结出来的，是适应你的人生的经验，对于孩子，未必适合。他的环境，他的周围，他的感受，他看问题的视角，与你完全不同。如果采用你的经验处理事情，很有可能根本做不到你想要的结果，甚至更坏，出一些你想都想不到的状况。

所以，不论遇到什么困难和痛苦，都是孩子学习的过程。不要打断这个过程，让他自己在困难中形成自己的认知和解决问题的方法，那便是孩子“无中生有”的经验，是他与外界环境对撞后形成的新的品质。给孩子这个机会。父母能够做的事情，是信任、鼓励和陪伴。

当然，如果孩子有受到大的伤害的可能，父母还是要挺身而出的。

经常有父母问我具体要怎么做，大多情况下，我给出的答案都是以上心理层面的认知。我相信，绝大多数的父母都有的是应对技巧和方式，在社会化层面要比我强多了。大家不知道具体怎么操作，只是没有一个清晰的指导思想而已，有了清晰的能够引起共鸣的思路，寻找具体方法就很简单了。有了思路，有了对自己的行为的觉知，解决起来就很容易了。

当然，觉知自己的行为，是很困难的事情。所以在这个讲堂里，所有的案例最终都会指向父母自己，也请大家有思想准备。如果不想继续对自己提供的案例分析下去，要直接说出来，不要有压力，这是我们所有人自己的权利。

学员 J：这点非常认同，太多时候我们用自己狭隘的思想迅速做出第一反应，可这反应不一定对当下的情况处理是最合适的。多思考几分钟，多和有大爱的人沟通，一切都会迎刃而解。

左辉：另外，关于老师对学生的惩罚，包括体罚，虽然有问题的老师肯定是极少数，但是孩子可是自家的，父母还是要重视这一类的事情。平时多跟孩子沟通学校的事情，但是不要妄加评论，否则孩子就不愿意跟你说了。没有大问题的话，权当八卦，以欢乐心态沟通，仅此而已。

安全比性格重要，性格比成绩重要。

6. 老师对青春期的影响

左辉：昨天跟几个老同学聊起了教育，聊起了我们自己的青葱岁月。我当时有一个“土匪”一样的男同学，混着混着高三了。高考前，老师居然在他的爸爸面前跟他说——你就别参加高考了！

听了这句话之后，他生生地考了三年，考上了大学，如今也风生水起地活得挺好。

我们讨论的话题是，老师在中学时期对孩子的性格养成起多大的作用？

中学基本上贯穿了整个青春期，最重要的与老师相关的时期，是初中。初一的孩子基本上跟小学还没有太大的区别，依然是小孩子的特性；但是初二开始，大多孩子开始出现明显的变化，一夜之间进入青春期的有的是。有些家长跟我诉苦，昨天还是好好的一个美少年，睡了一觉起来，变成个魔鬼了！

这种变化就跟种子破土而出一样。孩子的能量一直在积蓄，未到破土那一刻，我们从地面上什么都看不出来。而种子顶啊顶啊，终于在某一时刻，子叶突然顶开头顶的泥土，一下子就钻出来了——青春期就在一夜之间，毫无征兆地来临了。

手忙脚乱的父母，此时还没有从小孩子父母的状态中醒悟过来，长期与孩子互动形成的沟通模式已经成为习惯，父母又很难迅速具备反省意识，所以，青春期一开始的状况，是孩子长大了，可是父母没长大。

我们习惯了走在孩子前面，挡着风雨，领着路线，一路指挥，可是孩子现在长出了小翅膀，忽闪忽闪地开始要尝试，要自己试飞。青春期的父母，要学会站在孩子旁边，与他一起面对风雨，与他一起选择路线。

初中，正是一个孩子从孩子状态——被引领状态，开始转向要成为一个独立的人——自己引领的状态。中学时期，贯穿孩子心理成长的重要问题是：我是怎样的一个人？初中阶段开始形成模糊意识，对自己是怎样的人大致会有一个方向，比如——我是个正直的人，我是个内向的人，我是个活泼的人……

初中时期遇到一个好老师，对孩子内心价值观的确立、自我的认可，会成为一种助力。也就是说，在幼苗初期，如果给予的营养液比较够，这棵苗会更具备优势。

初中时期遇到的人生导师非常重要，无论这个导师是家长还是老师，甚至是路人甲。初中时孩子心灵受到的重创，将会一直存在于性格中，会有非常鲜明的印记，甚至会影响未来的人生取向。当然，大多数的家庭生活，甚至包括学校生活都是按部就班、平淡无奇的，反正就是那么过来的，也没啥大不了。

但是，如果初中时期出现大一点的事件，比如跟老师打架，跟同学打架，被别人欺负，或者其他不寻常的事件，处理的时候就要慎重了。引导得好，孩子未来会因此受益，或者至少不会走上歪路；引导得不好，孩子的价值观就有可能产生歪曲。

我前面说过的，那位高考前老师当着他面让他别考了的同学，他自己说这件事情的时候表示，老师的这个做法虽然不咋地，但是并没有影响他的人生。的确没有太大的影响，一是因为已经高中了，他基本的价值观已经形成，老师很难影响；二是因为这孩子一路打架上来，蔑视各种权威，这个事件让这孩子更是连老师这个最基本的权威都干脆否定了，从此他只按照自己的逻辑生活做事，咬牙考了三年，终于考上了大学。

要补充的一点是，并不是说这孩子否定了老师的权威就是从此不再尊重任何人了，他学会了用自己的标准看人。比如，对我们这些老同学，他相当地尊重，知道我在做公益讲堂，更是真的当作老师一样来尊重。

学员 S：如何确认，什么样的就是人生导师呢？

左辉：某一句话，某一个态度，在你的人生转折点上起到了关键的作用，你能时时想起来，这就可称为你的人生导师，这个人生导师可能以任何面目出现。

学员 M：就是说起到了关键作用，但当时未可见得是好是坏，都算是人生导师，对吧？

左辉：如果当时影响坏，但因为这个坏，反而成就了你，你也能够看到这个成就，并为此真心对其感恩，这也可称为人生导师。不过，这境界太高，我们一般人不一定能够达到，装着达到的倒很多。所以，我们一般意义上的人生导师，对我们而言，是我们知道的，在当时和以后都对我们有好的影响的人。

第三章 环境影响

——排查孩子成长环境中的“荆棘”

一、家庭环境

1. 从西式厨房说到过程管理

网上有一个德国人安装下水道的视频，大家可以看一看。这个视频呈现的是过程管理的精髓。整个工作分成清晰的流程，这个流程包括人员的工作执行过程，机器的工作执行过程，以及下水道盖子的完成工序。

我们在教育孩子完成一些小任务的时候，不论是学习管理还是家务劳动，我想，父母对工作流程的整体分解都不可能这么详细，或者干脆没有真正动脑子想过所有这些工作可以分成怎样的流程：哪些是孩子可以完成的，哪些是需要工具的，哪些是需要家长辅助的。

中国人是关系型的思维模式。简单一点来比喻，我们中国的传统厨房，最有代表意义的是筷子。中国的筷子有很多种用途，可以打鸡蛋，可以炒菜，可以煎东西、煮东西等，可以当叉子，还能当簪子插住头发。厨房里有个锅，有把刀，有双筷子，有炉子，基本上就可以开火了。

但是，用筷子做每件事情，做得好还是做得差，这就取决于使用筷子的人了，对吧？技术好，就用得好；技术差，用得就差些。所以，中国传统的管理模式，对人的能力的依赖度是非常高的。

现今，西式厨房已经开始走入千家万户，我们的厨房理念也受到西式厨房的影响。西式厨房的工具种类之多，之复杂，之好玩，不知道大家尝试过没有。西式厨房光铲子就有好多种，每一种在其特有的功能中真的特别好使。不论自己水平高不高，只要有两只手，甚至一只手，能握住就行！有了这些工具，你会发现下厨是一件挺轻松好玩的事情。

以前我们都用筷子捞面条，面条多的话用漏勺。后来开始煮意面，用筷子，用漏勺，根本捞不起来，太滑了！一筷子下去，提起来一根都没了，一漏勺下去，端起来也眼睁睁看着面条全哧溜滑走了。但用捞意面的抓勺，跟用手抓一样，一捞一个准儿！我第一次用的时候，觉得可新鲜了。

这种对过程的精细管控，随着西方工业与商业对中国的影响，越来越成为生活的常态，开始在方方面面起作用。但我们的心智发展还没有转变过来。所以，我们经常会遇到很多矛盾，管控的过程整体上在照着西方的模式在变化，但每个人却还是东方的人，拥有一颗东方的心，所以，跟过程管理相关的纠结是永恒的主题。

拿教育孩子来讲，现今的很多教育理念都是源自西方的体系，但是我们的社会环境，以及我们的民族经验却都是东方的。为什么中西医结合了那么久，还是效果不好？不同理论体系的东西，要融合在一起，哪有那么容易？结果生生把中医搞得莫名其妙，东不成，西不就。

现在的家庭教育中，最容易出现的问题是家长没有文化方向。人还是东方的人，心智也是东方的心智，过程管理很弱，却打算按照西式的思维来教育孩子，希望孩子能够学会过程管理，这是痴人说梦啊。

我们大多是一句期望或者命令——比如跟孩子说：“把你自己书包收拾好”，那么书包要怎么才能收拾好？这个过程里，孩子在哪个环节有困难？我们其实并不知道。要管理好学习的事情，那么从上学、听课、下课、回家做作业这整个的过程中，孩子哪些方面有困难，哪些方面做得好，家长们是否清楚？

过程的管理不是一次就能够学会的，而是需要一步一步，从完成一个小动作，到完成一部分，再到完成全部，是需要用整个小学时期来学习的品质。但在我们的教育中，我们只记住了分数，完全忽视了管理品质的养成，孩子到中学的时候，如果没有这个品质，就会产生很大的问题。

2. 培养刷牙的习惯

学员 R：请教一个关于培养生活习惯的问题：宝宝两岁，要求她每天早上刷牙洗脸，我和她一起做，刚开始新鲜了两天，都很听话地照做，现在根本就不好好刷了，怎么办呢？怎么能让她每天坚持呢？

学员 M：这个我是讲故事，诱导，没有强迫。我给她编了个故事，讲一个小河马不刷牙洗脸剪指甲……很有效。从她两岁多到现在每天洗脸刷牙剪指甲都很主动。偶尔犯懒，我就说“小细菌今天好开心啊”，她就跑去刷牙，还问我，“小细菌看我刷牙说什么啦？”

左辉：有部上海美术电影制片厂出品的动画片《小红脸和小蓝脸》，讲的就是两个小虫子怎么在牙齿里造游乐场。我家女儿看完，立刻奔到卫生间去刷牙，以后再也不用催了。

不过要记住，给孩子看的时候，一定要放空自己的目的性，千万别等着看她的反应。

两岁的时期，不太喜欢被控制，要想办法让孩子自己控制这件事情。而且，这是一个启发的步骤，可以带有故事性、趣味性，她喜欢的故事角色都可以编进去，别当成一个任务来做，你也会轻松，孩子自己也会轻松，坚持下来就容易多了。

如果孩子觉得这是一个被家长管理和控制的任务，就会开始叛逆。

两岁到四岁，是孩子开始学习控制大小便的时期，我们称为肛欲期。这个时期孩子练习动手动脚的能力，开始探索周围世界，开始感受控制的感觉，开始学习协调自己的身体和自己的欲望。

这个时期管理如果过于精细，会让孩子出现诸如洁癖、感觉丧失等状况。

这个时期管理如果过于松散，会让孩子无视规则，任性妄为。

在制定好的规则中，父母稍稍留出一些弹性空间，既可以让孩子通过偶尔的努力打破规则，获得自己想要的结果，也可以让自己在孩子打破规则的时候不要那么焦虑和刻板。

刷牙这件事情，有那么几天没坚持，或者坚持一两天，又放弃一两天，在两岁的年龄是完全可以允许的，是正常的状态，完全不需要担心和紧张。

只不过，提醒还是要提醒，但是要态度和蔼地提醒。在孩子睡着以后，特别抱歉和温柔地把他叫起来，告诉他：宝贝，很抱歉叫醒你，因为你没有刷牙，你得刷完牙才可以睡觉。当然，孩子可能会闹，会哭，你不要生气，拿出耐心，人家被叫醒，当然不开心，但是不能让孩子睡，依然要坚持，要温柔地坚持，让孩子把牙刷完才能睡觉。有这样一两天，孩子一般都会养成这个习惯了，这就是规则的力量。

注意养成孩子刷牙的习惯，同时要培养孩子进行全套的动作——刷牙，洗牙刷，擦水池。很多家庭只注重培养孩子把自己整好，却忽略了孩子在这个过程中应该顾忌的其他细节，其实这也是为自己负责、为家庭环境负责的很重要的一点。对于年龄比较小的孩子，洗干净的程度可以稍微放宽，我们的目的是先培养这些习惯，所以不要吹毛求疵，孩子洗不干净的时候，父母偷偷帮孩子擦了洗了就可以了，等孩子再大些，再开始要求质量。

如果培养孩子刷牙的时候，孩子年龄已经比较大了，也同样可以用这个方法，具体操作的时候要更加严格一点。比如上述第一个步骤——刷牙完成之后，等孩子睡着了，再叫醒。记住要温柔地叫醒：抱歉，宝贝，我也知道不该叫醒你，可是你没有把牙刷洗干净。依然温柔地坚持，等孩子去把牙刷洗干净。然后，等孩子睡着了，再叫醒，依然是温柔地、抱歉地、特别理解地告诉孩子：对不起啊，宝贝，周围的水池还没有擦干净，你得去擦完水池才能睡觉啊。

坚持个两三天，孩子一般都不会再反复了。

父母们只觉得刷牙就是刷牙，自己把自己整好了就满意了，这是大错特错的。孩子必须在管理自己的同时，学会为家庭负责，这是培养孩子综合素质非常重要的一个层面，也为孩子将来理解复杂的算式、复杂的解题步骤打下基础。所以莫要小看生活中的习惯培养。

3. 孩子四岁之前，轻易不要搬家

搬家和懂事

学员X：左老师你好。宝宝两岁了，他一岁半的时候我们从北京搬家到深圳，搬好家之后我就开始上班，我妈带孩子。这段时间我发现宝宝有点胆小，带他出去玩，他从不敢向其他小朋友要玩具，比他小的宝宝他都怕，他的东西只要有小朋友要就会给，从来不会抢东西。到商场想要什么或者玩什么都要看看我，我同意他才会动。感觉孩子太懂事了、太乖了，是不是因为我平时跟他讲道理太多了？

左辉：这里有四个方向呈现出来：

第一，搬家，而且是从北京到深圳；

第二，搬过来妈妈就上班，姥姥是一直在孩子身边的，还是搬家后才出现的？

第三，宝宝不跟人抢东西；

第四，宝宝非常懂事，在意妈妈的同意。

一般来说，四岁以内的孩子尽量不要搬家。环境对人的影响其实是非常大的，尤其是小孩子，受环境压力的影响超出父母的想象。前几次讲课我提到过，家庭压力过大，孩子往往特别容易生病。

周围的物理环境和空间环境，对孩子也是很有影响的。这种影响处于深层潜意识中，我们感觉不到，并不代表它不存在。

所以要记住，迫不得已搬家，对四岁以内的孩子影响是非常大的，这是孩子人生中的大事件，不可等闲视之。搬家后，身边一直存在的人不要有更替，前面我们还讲到一次只让孩子面对一种改变，不要把所有的改变都放在一起。

第二个问题。姥姥是一直都在孩子身边的，还是搬家后才出现的？如果是前者，那还好一些，至少身边有个不变的亲密关系在。

妈妈如果之前没有上班，搬家后突然去上班，对孩子本身而言肯定是有影响的，孩子要理解妈妈去上班这件事情，是需要时间的。如果搬家后妈妈去上班，孩子会把搬家和妈妈上班联系在一起，会有一种恐慌——家变了，妈妈不见了！小时候造成的恐惧，会伴随终生。

如果姥姥是搬家后才出现的，那问题可就大了。对孩子而言，家变了，妈妈没了，陌生人出现了。前两者，孩子之前建立的安全感彻底没有了，还要重新面对一个陌生人，而且是亲密关系，是孩子白天必须在一起的一个外界环境。有些安静的孩子会变得特别讨好、乖巧、懂事，有些闹腾的孩子会各种生病、折腾、不乖。

前者的目的是保护自己不受伤害，后者的目的是：妈妈快来，我都病了！前者不敢索取想要的，后者敢要敢闹，这是天性的区别。

不敢跟人要东西，或者比自己小的宝宝都怕，一部分是由于孩子天性比较和善友好，不与人争，一部分是因为对周围没有安全感。什么都要看妈妈的意见，不敢要，也是同样的原因。这个孩子的规则感特别强，有讨好的成分——当乖孩子，妈妈就不会消失了；也有本身天性的成分，遵守规则。

如果已经搬家了，上班了，孩子受到影响了，怎么办呢？那就尽量安定在一个地方，不要再搬家了，至少到孩子青春期的时候再考虑搬家。实在需要搬家，家里的摆设和家具尽量用原来的，比如窗帘、被单、玩具什么的，通常眼前经常见的，都通通搬到新家去。有时候，我们对新家比较有期望，恨不得能弄成宫殿，不过如果孩子还小，忍一忍冲动，尽量用孩子熟悉的摆设，这样更好一些。

另外，带孩子在院子里多玩、多溜达，不要以孩子原来能够达到的交往程度来要求孩子。换了地方，很多原来走过的方式要重新走一遍。

学员 Z：可是最普遍的搬家就是小孩上小学的时候，不得不搬到学校附近。六岁以后搬会好一些吗？

左辉：四岁以后就好多了。但还是要跟孩子说清楚，而且最好能够在搬家前几个月开始带孩子去即将搬到的新家，让孩子事先进入环境中，也最好能够在那个小区交一两个好朋友，这种过渡就会好很多。

上小学的孩子搬家也不是不可以，只不过得提前半年行动起来，尽量让孩子事先进入环境，在这个环境有喜欢的人或者物或者场所。搬家和上学不要同时开始，原则是，不要让孩子同时面对两个以上的变故，或者最起码能够减少一些变故。

乖孩子和好孩子在小时候特别省心，家长们或者邻居们、老师们都是交口称赞的。但是，孩子是你家的，你要的不是这几年的称赞，你要的孩子应该是长大后能够为自己遮风挡雨，顺便一不留神成为精英的那种吧？

小时候如果安全感的建立受到影响，那么在小学或者更大的时候重建安全感就稍微困难些，因为他们自己有主意有想法了。对孩子来说，“接纳”和“妈妈不会跑掉”这些信念要慢慢重新植入孩子心中，是需要些时间的。

尤其对小学的孩子，我们会忍不住掉在成绩的陷阱里，孩子会认为，妈妈要的是成绩，或者要的是优秀的自己，不是真正的自己。越是考了好成绩，就越是得意，同时越是心里愤怒。这时期重建安全感更加困难。

越是在孩子小时候，注意孩子的心理发展，以后就会越省力；越是小时候没有注意造成了创伤，越是要在未来的成长中不停地为此埋单。

搬家和打人

学员W：我家孩子两岁半，老动手打人怎么办？一不高兴就打人。两岁左右第一次动手打人，我告诉他打人不对，不能打人，现在他有时候不高兴还会躺在地上打滚。

左辉：你舍不舍得打他？孩子动手打人前，你打过他没有？

学员W：打过。我打的次数也很多，就是不听话我打了他，他就会打我。现在我生病住院把他送到姥姥家，他打人的次数就多了，打滚的次数也多了。快一个月了，不高兴就打姥姥，躺地上打滚。

左辉：所以这是你用实际行动教会孩子的——不满意可以打人！这是孩子引起关注、表达不满的方式，而这个方式，就是你教会的，他没学会用别的方式，只能用这个而已。两岁的孩子进入肛欲期，以动手、控制、自主、协调为主。打人意味着开始动用手的力量，如果是咬人，则意味着孩子一岁以内嘴的欲望没有满足，还没有学会用手与外界交流。所以，虽然打人是个问题，但是孩子动手打人这个行为，其实说明他的发育是正常的。

你猜猜为什么孩子从打人变成打滚了？如果条件允许，爸妈们自己打个滚试试，学孩子那种满地打滚，感觉下，那是什么心态？

首先，打个滚会很舒服。

其次，背躺在地上，就有了“后台”——这个后台很结实，永远不会消失，不会责怪，不会打你。古希腊神话里，那个脚不能离开大地的英雄安泰俄斯，力量就是来源于大地。

打人是对外界的攻击和不满，打滚是需要支持和怀抱。要改变这个打滚的方式是很容易的，但是要教会孩子其他的替代方法，否则孩子的不满意如何发泄呢?

如果是男孩子，他需要更多室外的活动。乱跑乱闹消耗体力的运动，会让孩子在奔跑和吼叫中，把不愉快和不开心都发泄出去。

孩子的不满意用动手打人来表示，也同时说明孩子的表达能力需要再加强些。慢慢帮助孩子多多开口说话，对一些事物不经意的描述和交谈，都会对孩子有帮助。

但是，对打人的调整最好等你病好了以后再进行。现在的问题是，离开你这么久，孩子心里很忧伤，他在用打滚的方式来发泄这种难过。

找一件你日常穿的衣服，孩子认识的衣服，让孩子随身带着，算是妈妈的代替品，可以起到一点安慰效果。如果他愿意的话，晚上可以抱着你的衣服睡觉，妈妈的气息对孩子的安抚作用不可小瞧。也可以每天打电话给孩子，让孩子听到你的声音。

如果是姥姥负责照看孩子的话，让姥姥多抱抱孩子，这个孩子需要怀抱。告诉姥姥，不是她带得不好，是孩子离开妈妈本身就会痛苦，那是孩子发泄的方式。要不然姥姥也压力巨大，好像没带好这个孩子似的。孩子打滚的时候，让姥姥别生气，停一会儿，等孩子滚累了，再抱抱他安抚就好了。拥抱他的时候，可以轻声告诉他：宝宝生气了，宝宝这么难过了，抱抱拍拍就好了。

要知道，这种变故对孩子的影响是巨大的。因为对大人而言，是妈妈生病入院，孩子不得不去姥姥家，但对孩子而言，出现了好几个变故：

第一，妈妈生病了；

第二，长时间见不到妈妈了；

第三，离开熟悉的家了；

第四，身边没有熟悉的人了；

第五，离开熟悉的环境了；

第六，生活方式、交流方式全都变了。

之前我们讲过，如果实在要有改变，先只变一个，然后过一段时间再改变一个，让孩子慢慢适应，尽量不要把所有的变故一股脑儿都给孩子，小朋友适应起来会非常辛苦。但是，妈妈生病确实是没法子的事情，如果是遇到这种情况，最好考虑让照顾的家人到自己家里来照看孩子。这样至少身边照顾的人变了，但家庭环境没变，爸爸也能看到孩子，孩子也能偶尔见到妈妈。

学员 W：是啊，开始几天孩子会大声哭，后几天就自己躺在床上不停地流泪。就会说我想妈妈，我就是想妈妈，我真的想妈妈。孩子从小到大都是我自己带大，除了我和他爸爸，谁都不找，也够难为孩子的。

左辉：孩子的状况不是孩子自己造成的，那么，作为家长，收回这个压力，让自己快快好起来，等你自己身体好了，你能跟孩子在一起了，孩子的很多问题也就解决了。

4. “当人太累了”

我带的青春期孩子的团体课上，我让大家想象一个可以重生的世界，如果完全能够选择，会想过什么样的人生。你们猜猜，孩子们想出来的是什么样的人生?

孩子们想出来的人生有两种：

一种是当动物，再也不要学习了；

一种是可以预知所有的考试，当个学霸，称雄天下。

除此之外，再想象不出还能有什么不同的人生。

不是他们没有想象力，是因为孩子们所有的关注点都在学习上，我要求的是即时性反应，孩子们无法从学习的焦点上挪开。这意味着，他们已经开始在工业化教育的路上走上“正途”了，也就是说，大脑的发展开始遵循工业化产品的途径，标准，严格，不走样。

写这篇文章的时候，距离我上一轮的团体课结束仅仅两个月，这些打算当动物或学霸的孩子，他们留下了活泼和快乐，敢说真心话了，但是刚刚出现的创意和新鲜的想法还没来得及长大，就又被压抑了。环境无时无刻不在影响，我们追回来的力度有待加强。

昨天有个妈妈说了句实话。她告诉我，父母给孩子报班，其实就是图的心安，也知道结果不那么好，但是大家都报，自己不报的话，总觉得心里惶惶然啊。

老师们告诉我，北京的孩子已经算幸福了，其他城市的孩子学习疯狂多了，我大大地被惊着了。在硝烟中成长着、学习着，长大后，发现战地经验完全不能用于生活，还得再花时间学习怎么适应社会，怎么真正学习！

“当人太累了”——孩子们的话如一记闷棍打在我头顶。

我以前教过一个名校的孩子，后来出国读书去了，他的痛苦是——只会考试，其他一无是处，自卑到极致，不明白自己活着到底价值何在。

我见过很多父母觉得没良心的孩子，其实很爱父母，但是父母没有教会这个孩子如何表达爱，也没有教会这个孩子应有的教养和礼貌，和对周围一切给予的感恩。在为孩子全心付出的时候，忘了教孩子为家人付出，为家庭付出；在把所有好吃好喝好待遇都给了孩子的时候，错误地让孩子以为父母就是不愿意享受的。也就是说，我们用对自己的刻薄，演示给孩子，我们可以被刻薄地对待。

家庭环境对孩子的影响举重若轻，儿童时期应该建立的规则意识、与外界沟通交往的原则如果没有建立，到了青春期再建立就非常艰难了。青春期的孩子关注的是外界，是自己对自己的评价，是自己在社会中的形象。我们对孩子过于放养，以至于连基本的社会人群适用的法则都完全无视。让孩子对家庭环境有感恩、有付出，对周围一切有感觉，这是从家庭生活中一点一滴培养起来的，这不是各种培训班、素质班可以给予孩子的。

只能读书，对孩子而言，哀莫大于心死。

5. 父与子的青春期

学员W：今天能否讲讲父亲如何与青春期的孩子相处？或者是如何引导，关键是用什么样的态度、方式引导？昨晚儿子作业没做完，已经快十一点了，他说要早晨起来再做，但又不马上去睡，要玩一会儿手机游戏。我各种劝阻不成终于发火吼叫，儿子虽不情愿但也乖乖去睡了。爸爸这回表现超好，居然没掺和，却问我：为什么你这么冲他发脾气他就听，如果是我这样做，他一定会跟我对着吼？

我说因为我是妈妈你是爸爸。

我是觉得儿子可能不忍心跟妈妈吼叫。而爸爸却是他越来越想挑战的权威，越来越想推翻的统治。爸爸也是每次态度强硬，总想用上级对下级的命令去完成对儿子的管理，似乎也在极力维护“老国王”的位置。

左辉：太棒了！这分析非常正确，爸爸就是儿子越来越想挑战的权威。对于爸爸而言，来自青春期儿子的挑战一开始是可笑、不屑一顾的；但随着儿子越来越频繁的挑战和激烈的冲突，老爸也开始觉得自己“老国王”的地位越来越不保。

平时生活里的琐事，可以由妈妈多跟孩子交流，也就是可以吼叫一下，儿子对妈妈是比较宽容一些的。而爸爸对这些事可以不要过于介入，对妈妈的主导教育地位要有尊重，这也是家庭关系中“男主外，女主内”的一个现实呈现。

但是对于一些比较重大的、纪念性的事件，比如儿子的毕业典礼，儿子在某件事情中经过努力获得了成功之类的时刻，爸爸就需要有所表示。这个表示不是送什么礼物，而是要有个向儿子表达赞赏和肯定的机会，可以是私下的，也可以是在家人面前的，不要太假就行。

一说到要肯定孩子，我们往往就奔着表扬的路子去了，但狂轰滥炸式的表扬反而失去了诚意。“你真棒”“你让我脸上有光”等等这一类的话就别说了，平实一些，真实一些，反而更容易在孩子心里留下痕迹，也更容易打动青春期少年的心。

爸爸跟孩子谈话的时候，务必要注意身份的切换。我们往往陷入社会角色太深，家庭角色几乎被冲淡到没有，所以跟孩子沟通的时候，往往很容易带上工作中与人交流的模式，这种态度本身就会让孩子反感。沟通的时候，脸上的态度要和缓，心态却是凝重而严肃的。这种谈话多多少少带有一点仪式性，如果效果好，在孩子未来的人生中，这个场景会给他留下深刻的印象。

反过来，妈妈在跟孩子谈话的时候，就需要唠叨，需要更多家庭教育中的主导地位。但是，妈妈在孩子面前，尤其是儿子面前，一定要给予父亲相当程度的尊重和服从。树立父亲的权威形象，对于儿子更好地成长为一个男人，是必不可少的。

有些妈妈特别厉害，对老公说话颐指气使，当然，夫妻感情还挺稳固，两口子自己都不觉得有什么不对。但这种交流方式，作为第三方的孩子却看得清清楚楚，无论男孩女孩，都会受到影响。男孩子看到父亲被欺负，要么对女性的权威开始崇拜，长大后变得或者女气或者软弱，要么对女性产生各种愤怒和轻视，长大后婚姻难以幸福。

男孩青春期的成长轨迹一般是这样的：挑战父亲，然后怎么都挑战不过去；被逼无奈，发现亲爱的妈妈是这么服从父亲，于是开始思考——连妈妈这么好的女人都这么喜欢父亲，那这个父亲必然有过人之处；于是，转而开始学习父亲，怎么做一个男人；十七岁左右，通过一些活动战胜父亲——从此，一个纯爷们站起来了！

有时候沟通无效，那是因为爸爸一直想试图用妈妈的规则和标准去管理儿子，所以行不通。妈妈在的时候，要用妈妈的规则和标准；但妈妈不在的情况下，允许父亲用自己的方式，自己的标准。至于是什么，妈妈就别管了，就让这成为父子之间的一种默契吧。

从学员 W 的这个例子可以看出，爸爸和儿子都很服从你，当然，是在你吼了一下之后。这个表现里，我们看到的是男人们对你的爱和宽容，他们允许你保持这样的控制力。如果你试着去感觉一下这种对你的保护和纵容，你就会感受到这两个男人对你深深的爱，这个时候，其实他们不是拿你当妈妈，他们是在拿你当小女孩。

保持你小女孩的状态，试着调整一下，让自己别那么焦虑。不用考虑那么多，试试放松下来依靠耍赖和撒娇，你会发现，这父子俩的状态一下子就会轻松很多。

孩子青春期的时候，也许有家长担心父子之间会起冲突。在三口之家里，妈妈是父子之间的黏合剂，但如果父亲一直用妈妈的规则和要求来教育孩子，那重大冲突只能是早晚的事。如果父亲能学会用男人的方式和儿子交流，其实没那么可怕。

单一地看，需要担心的是爸爸和儿子之间的关系，但如果仔细分析起来，妈妈的作用也是不容忽视的。一个家庭是一个完整的系统，所有家庭成员都受这个系统运作的影响，每个人扮演的角色无论好坏，都是家庭本身的影响与自己个体的选择相叠加的产物。

学员 W：我还有一个担心，就是儿子将来的婚姻状态。青春期正撞上老爸的忙碌期，各种应酬各种见不着影，将来儿子会不会认为这是正常的婚姻状态？爸爸似乎意识不到这点，跟他聊，他又觉得我小题大做。

左辉：你就跟儿子说，这时候其实是老爸的第二青春期。忙着在社会上重新找自己的定位和角色，因为发现儿子长大了还这么厉害，老爸觉得地位不保，开始努力奋进了！

说认真的，中年危机是一个比较重要的人生转折点。很多爸爸在中年危机的时候选择了跑去找漂亮小姑娘，以此证明自己宝刀不老，你家爸爸选择了发展事业，这可是好事。第二青春期的男人，如果真的事业成功了，他会拥有完全不同的人生和人格品质，是人的一次飞跃机会。但在这个过程里，其实委屈蛮多的，牺牲也很大。六神无主还要假装泰然自若，是这个阶段最标准的表现。你心里明白就好，不要点破，理解了也就知道怎么应对了。适当的时候，表示下崇拜和支持，一家人嘛，就是要允许家人吹牛，允许家人失态，允许家人不靠谱，否则，要家干吗？

二、学校环境

1. 拒绝比顺从更重要

学员C：左老师，我家孩子上幼儿园大班，开学的时候班里换了三个老师。昨天是个代班的男老师，她说老师很凶，说的时候哭得很伤心。我后来问了，老师不是针对她，但孩子还是很抵触，我该怎么安慰她呢？

左辉：开学换这么多老师？这种情况确实对孩子有影响。孩子对厉害的老师自然会产生惧怕，这很正常，尤其是陌生的没有建立起感情连接的老师。关键是这个老师是不是以后都要常带的？如果是，你要跟孩子好好商量，确实不能接受，可以考虑转班。如果老师只是暂时代班，那倒好一些，但是幼儿园这样换老师的举动是非常糟糕的。如果孩子确实不能接受，要么别去了，要么换个幼儿园吧，无论上啥学，孩子的心理安全才是第一位的，幼儿园的孩子，不建议让他自己去面对痛苦。

安慰作用不大，因为威胁始终还在。

有些家长会喜欢厉害的老师，觉得能够管住孩子们，让他们听话。这样的管住是恐吓的产物，对权威的害怕就是这样造就的。那些老师为什么可以猥亵孩子，而孩子却不敢告诉家长？就是因为害怕！遇到性侵害的孩子，大多都是这种听话懂事的性格。听大人的话，听老师的话，这些大人在孩子心目中是泛指的。当他害怕一个大人时，就有可能会蔓延至其他大人身上，对一切大人的一切要求都是言听计从的，那不是太可怕了？

学员L：左老师，这是个问题，我们养女儿的应该如何避免这种事情呀？提起这个我就害怕。

左辉：安全比成绩重要，拒绝比顺从重要。学会表达真心的要求，可以拒绝父母和其他成人的一些要求，只要自己认为不合理。

学员L：是呀，所以我也要求家里大人，不要总是在孩子面前强调孩子听话。那我们应该怎么和孩子说呢？

左辉：不仅仅是说的事情，要做呀！让孩子有话语权，有决定很多事情的权利。比如，我家女儿上幼儿园的时候，她有天开始突然想自己扎头发了，然后，她就把自己扎得像个“跳大神”似的去幼儿园了。所有妈妈都笑我，我只好抬头看天……我也觉得太滑稽了，但是她自己坚持，只好由着她了。

这样过了很久哦——我给打扮的装束，人家一下子就扔了，自己把自己打扮得都没办法看第二眼，我也只好天天抬头看天，省得看见妈妈们嘲笑的脸。在与你的意见不统一时，你冒着丢脸的危险，还能允许孩子自己做主，才是考验呢。

7. 陪你去上幼儿园

初次进入幼儿园

左辉：咱们今天讲讲哭泣的孩子怎么进幼儿园。对于初次进入幼儿园的孩子，我建议在前两周都应该每天有一个妈妈进入幼儿园伴随的时间。

小朋友进幼儿园，面临的是三种创伤：

第一，与妈妈分离的创伤；

第二，进入陌生环境的创伤；

第三，与不认识的老师建立人际联系的创伤。

其中第一个，与妈妈分离的创伤是没有办法弥补的，这也是人成长必须面对的事情。所以，我们只能尽可能减少其他两个状况给孩子带来的创伤。最好能够在有妈妈的条件下，逐步适应这个环境。比如，第一周，妈妈能够在场半天，或者只让孩子入园半天，时间长短视孩子的适应能力而定。第二周，妈妈逐步开始缩短在场时间，但是，幼儿园老师与孩子的亲密感要能逐步建立起来，孩子开始喜欢同大家一起玩儿。

当孩子能够熟悉老师，并且也开始熟悉小伙伴，亦熟悉环境的前提下，妈妈可以退场了。孩子就算想起妈妈，哭一会儿，也没关系的。

我家女儿入幼儿园时，我要求入园陪同，老师们大惊。在她们幼儿园的历史上，都没有这样的事情，但因为我的坚持，所以我得以在入园的前两周都陪同半天。我惊讶地发现，这个幼儿园里，老师们居然是不管孩子的，她们特别专业地告诉我，这是分离焦虑，所以孩子哭是正常的。班里一共有两个老师，一个在看电视，一个不知道去哪里了，孩子们满教室哇哇大哭。

最后我实在看不下去了，我带着孩子们满院子玩儿，一群孩子抹着眼泪跟着我，一边哭着问我，妈妈哪儿去了，一边跟着我的指挥去看花，去看草，去捉蚂蚱。五分钟换一个花样儿，累是累，不过我倒是知道了，孩子们有情绪时，转移注意力的每个小把戏只能管用五分钟。

没有妈妈在身边的孩子，对能够出现的成人实际上是非常依赖而且顺从的。如果这个人再不理孩子，那么孩子的世界就是坍塌的，他会觉得被这个世界抛弃了。

学员 C：你就一次，人家天天如此，已经练成了金钟罩！

左辉：哭是有感染力的，一个哭，一群都跟着哭。

学员 C：是的，大人要一个哭，其他人都会酸鼻子，别说孩子了。

左辉：所以呀，幼师不是唱歌跳舞弹琴就能当的。没有一颗真正喜欢孩子的心，再多的艺术细胞也没有用。而且，一般孩子们哭个两周也就差不多啦，你以为天天在幼儿园哭啊？

学员 Y：昨天我儿子入园第一天，晚上老师来电话，说一直抱着哭泣的儿子，后来小子睡着了，就抱着睡了二十分钟。老师温和地劝我别担心，我说我真不担心，因为第一我相信我儿子，第二我相信你们。

学员 X：有些孩子第一天上学，父母不出现，我都可怜那些孩子。

左辉：是啊，孩子是自己的，有些关键的时刻，父母是要出现的，尤其是孩子生命中的重大事件。孩子上幼儿园，要适应环境；上小学，要适应学习环境和学会交朋友；上中学，要适应坚持自我，不人云亦云，还要有铁哥们儿、铁姐们儿，还要敢于反抗父母权威，还要小心父母发飙……当个孩子不容易呀！

顺利完成入园后，会有一段时期，孩子的状态出现反复，装病或者死活都不进幼儿园，在幼儿园门口大哭大闹。当然，这种情况是有原因的，但是不一定真的能够问出原因，孩子的表达能力还不那么清晰，有时候他自己也说不清楚。

家长可以慢慢问，要着重注意问的是，老师是不是训了、打了，还是责备了？小朋友谁欺负了、打了，还是挠了？这些如果都没有，也不是生病，那就可以不必太介意，考虑一定要让他入园。但坚决的态度表现出来是和蔼和理解的，跟他在幼儿园门口缓一会儿，聊一聊，不要觉得丢脸，即使看到别人都进去了，也不要催孩子，跟他随便聊天就好。外面的落叶，滴落的水滴，幼儿园大门不够漂亮，要是换成原始人的山洞可能更酷，这些都可以成为谈资。等孩子放松了，再动员他进去。如果孩子一直在哭，可以抱着他，跟他说：我知道你不想进去，不想离开我，所以，你很难过，妈妈多抱抱你，你这样难过，我也很心疼。但是，幼儿园都要去的哦，我知道你只是想难过一会儿。

其实，孩子很讲理的，超出我们的认知。如果父母能够情绪和缓，能够理解孩子的感受，很多问题都不是那么难以解决。

学员 L：我知道您的意思，早去一会儿，在幼儿园里陪孩子。

左辉：唔，不是的，我认为正常的应该是孩子先在妈妈身边，看到老师带着别的孩子玩儿，或者老师招呼大家一起游戏，慢慢熟悉小伙伴，慢慢熟悉老师。然后孩子自愿进入这个团体，能够跟老师一起待着了，这就没有任何问题了。当然，孩子天性特质不同，有些孩子无比喜欢幼儿园，离开都会哭的。我见过一个孩子，幼儿园放学之后，妈妈带不走。老师感动得呀，说自己带十几年幼儿园了，都没见过这么热爱幼儿园的孩子。

对幼儿园失去新鲜感

学员D：儿子两岁三个月。今天去幼儿园第四天。第一二天他还挺高兴。第三天开始不爱去了。哭，找妈妈。我应该怎样对待他呢？

左辉：坚持，坚持，你先要挺住。孩子这是新鲜劲儿过了，开始发现不满意的地方了，那就是妈妈竟然不在，还那么久。如果幼儿园可陪的话，你每天进去陪半小时，让孩子缓冲一下。尽可能地帮助孩子与幼儿园的环境熟悉起来，玩的地方，吃饭的地方，大小便的地方；还有，要和老师建立良好的连接。一般一周左右开始有明显好转，两周基本上就都适应了。国外的幼儿园设置更人性化一些，会按照不同孩子的时间表，让家长慢慢退出，孩子慢慢进入。

另外，从幼儿园接出后，先不要急着回家，我建议能够跟同班的孩子一起玩一会儿。将幼儿园的接触延伸到外面，也便于孩子们更加熟悉在一起玩的感觉。包括周末的时候，同班孩子的家长能够组织一起出去玩，也是让孩子们更适应幼儿园生活的方式。

学员Y：儿子两岁半了！本月开始上幼儿园到现在，早上还是会哭！边哭还边说，我坐在小板凳上等妈妈！这样的心理，如何能让他开心些？

学员M：可以缩短在幼儿园的时间，慢慢过渡。开始每天送一两个小时，然后过渡到半天，再全天。

左辉：对，上面这个回答就很有操作性。有些孩子适应幼儿园比较困难些，更愿意在妈妈身边。也就是说，他更喜欢熟悉的环境。让孩子熟悉陌生的环境是需要时间的，在这个慢慢熟悉的阶段中，最好不要一下子让孩子在幼儿园待上一整天。在幼儿园的时间刚开始要短，随着孩子的熟悉和适应再慢慢拉长，不要太心急了。

另外，要增加孩子回来后与孩子相处的时间，我总感觉这个孩子很怕离开妈妈，这种怕妈妈离开或者坚持等妈妈的感觉，是不是你曾经有过对孩子食言的事情？比如，说过回来但是没按时回来，或者等孩子睡着了悄悄离开，或者趁孩子玩得开心的时候悄悄溜走？

学员 Z：我有时候会。现在早上如果他在我上班走之前起床就特黏我，但如果不趁他吃东西或做别的事情时溜走，我上班肯定迟到；或者我只能早起趁他没醒时走，那样他反而不会有问题。

左辉：越是这样，孩子就越怕你突然不见了，孩子的恐慌会加剧。拿出一周的时间，跟单位请半天假，可以迟到的那种。

学员 Z：我试过，比如我们一起出门，我妈带他去公园，我去上班，走到路口我们分开走，他当时就没什么不良反应。但如果在家里，他就会一直嚷嚷妈妈抱抱。如果是我出差两天回来，他反而很淡定，跟平时回家一样。

左辉：如果你走的时候等不到孩子醒来，那么晚上就跟他说好，你需要上班，不能迟到，所以，你会亲亲他再离开。如果他醒来了，你抱抱他，跟他道别，说你也舍不得他，但是你必须上班，到几点你一定会回来，因为你非常非常想他，所以那个点你肯定回来，让孩子放心。但记得，说话要算数。跟孩子正面道别，而且专门拿出时间跟他解释你离开的理由，和你重新出现在他面前的时间点。

学员 Z：不到两岁他能明白吗？

左辉：我告诉你一岁内的孩子就可以这样商量，你信不信？

学员 Z：我有时觉得他啥都明白，有时候觉得不会。

左辉：孩子什么都明白。你骗孩子一次，他会伤心，但还是愿意相信你；你骗了第二次，他更伤心，同时开始害怕，怕失去你，但他还是愿意相信你；但你骗了他第三次，他就不再相信你了，他相信你一定是老想丢掉他的。

“长痛不如短痛”，带来的往往是隐藏的创伤。在面对陌生的环境时，孩子的恐惧始终存在，而且会愈演愈烈。他小的时候只能服从，直到不知什么时候，他会突然性格大变，对环境改变充满抗拒，也是可能的。

千万记住，老师们做不到像教育机构宣传的那样那么有爱心。因为机构对老师的培养和后期教育是不可能跟上的。工作压力太大，老师们也有承受不住的时候。那么多又哭又闹的孩子，老师不可能都安抚得到。

有时候孩子一开始表现得很好，家长们也不要掉以轻心。孩子的抗拒和排斥是很正常的现象，但是，如果在半年或更长的时间里都好好的，突然就开始排斥，一定是老师或者幼儿园里出问题了。家长们在这个节点上千万别大意。这一点对上学的孩子同理。

3. 孩子从自卑中崛起的力量

学员 J：孩子作业好多啊。孩子才三年级，中午吃完饭，不是去外面活动，而是完成老师留的题目；晚上的家庭作业语文和数学一般都有不少，孩子经常写到最后就哭了。这几天，我帮忙抄写，有些题也帮着做。

学员 S：是啊，昨天因为作业跟孩子发了脾气。其实他都会了，但作业需要一遍遍重复，孩子不想做，最后老公替他抄的，好还是不好呢？

学员 J：左老师，您孩子遇到过类似问题吗？怎么处理好一点？

左辉：这要因人而异。毕竟环境如此，太过于让孩子另类，家长就要做好心理准备——孩子融入同学中会有点困难。教育是一项系统工程，不随着主流，或者部分地随着主流，家长就势必要有相应的一整套措施，来应对或者适应会出现的一系列问题。

比如，小孩子写作业，大多是为了练习生字和基本的算术。如果凑合应付过去，孩子的算术能力和字词的掌握就会比别的孩子慢，考试成绩也不会高，这一点家长肯定要做好准备。

我用小学整整六年的时间慢慢培养女儿对字的感觉和能力，在主流教育中，三年级以前这事儿就该完成了，甚至有些孩子学前班里就完成了。跟人家比，自己孩子一直都比不过这些起步早的孩子，这对家长和孩子双方都是很严酷的心力考验。

学员 J：我原来是认真对待的心态，可是看到孩子这么累，睡觉晚，现在也是“差不多”就行。但孩子心理压力大，不写完就不去学校。

左辉：写作业是不那么痛苦了，但孩子成绩就可能不高，同学认可度就低，一二三年级孩子的心态调整和来自老师的压力的排解就非常重要。要么是写作业的痛苦，要么是成绩不高自卑的痛苦，反正总有痛苦，看你选哪一个。

环境是我们目前改不了的，很多父母也缺乏主动沟通改变现状的胆量，对学校不满意，反正熬过这几年也就离开了，所以没有家长会去跟学校民主地谈判这件事情。

学员 J：成绩不高倒是来得及补，自卑是问题。

左辉：你觉得，在你认识的人中，包括你自己，有没有从来不自卑的？

学员 J：还真没有从不自卑的！

左辉：小学时孩子要养成的重要品质是——勤奋。不是逼着自己写作业、从一而终地老黄牛犁地似的刻苦学习就叫作勤奋，而是在成绩落下去时感受到自卑，不知道该放弃还是该用功，在纠结中用努力战胜自卑，从而又让成绩上扬，在这样起起落落的小学生涯中，孩子获得了从自卑中崛起的一次又一次经验，从而形成勤奋的品质。

越小的时候，那个努力越是无意的，甚至是偶然的。小学的东西简单，追起来还是很容易的，这就为孩子的崛起提供了可能，任何一个智力正常的孩子，都有这样的可能。

另外，小学期间，孩子还要形成的品质是——团队价值感。个人如何加入集体、融入团队，个人与团队之间的关系如何处理，这都是小学时孩子成长中要面对的问题。从一开始的自卑，或者一开始的得意，到得到团队的认可，得到团队中的个人对自己的认可，这都是孩子每天在关注的焦点。成绩，仅仅是这个环节中的一部分而已。

所以，因为成绩或者作业写不好而形成的自卑，对孩子而言，造成的结果是无法获得同伴的肯定，融入集体有困难，重要的反而不是成绩本身，这一点一定要清楚。在孩子上小学的时候，太过于关注他们的成绩，忽视孩子的团队价值感形成，对中学的学习将是无法弥补的损失。很多小学成绩非常好的孩子，到了中学很痛苦，与此有极大关系。而团队价值感，带来的是整合性思维，和对所有因素的取舍能力，这些在中学学习中非常重要。

学员 S：那孩子在小学这个过程经历的各种痛苦他自己可以克服吗？

左辉：孩子自己当然不能完全克服呀，家长的参与很重要。家长的支持和信任，以及对一些小事件的处理和建议，对孩子而言都是非常重要的。另外，如果发现孩子出现了自卑，势必要在其他方面有一个补足，好让孩子有替代性的满足，可以帮助孩子度过这一段艰难的日子。比如，我家养了狗，其他同学家都不能养狗，这就变成了我女儿的优势，很多同学会羡慕这一点。还有，她的同学对我的认可度极高，我家完全敞开门欢迎同学们来“糟蹋”，晚了我还管饭，所以，女儿的同学都非常喜欢我。而且我不追着成绩，不要求作业，这都是同学们无比无比羡慕的地方。

我当年小学一二三年级的时候，是老师的眼中钉。我淘气异常，逃学是家常便饭，也不写作业，放学领着几个同学满山转。我还是老大!

但是呢，我四年级开始突然崛起，崛起的原因特别偶然，因为那一次老师让大家开卷考试。反正就是翻开书各种抄，我一下抄到了全班第二，要知道，我以前是倒数的，从来没当过“人上人”。结果突然发现，当“人上人”的感觉可好了！从那以后，我开始自觉了，没有特别刻苦，一点一点开始勤奋，摇身一变，我就成了“中华好孩子”。

学员 S：问题是头三年你没自卑？后面还能崛起，家里不管吗？

左辉：谁说我不自卑啊？只是没办法，假装无所谓而已。我是山里野大的孩子，俗称野孩子，父母对我的影响都很大，我青春期跟我妈打得一塌糊涂。但是，我有一对非常开明的父母，在我一年级考零分的时候，他们也没有训斥过我，他们给了我一个无比快乐的童年和无比和谐的家庭。

我总是想让父母们知道，一个稳定和谐的家庭，带给孩子的性格财富是什么教育都不能给予的。无论我遇到什么困难和痛苦，我都从来不会想到放弃，带着一身伤口流着鲜血我也能重新站起来，这些真的得益于我儿时的生活，那是一种蓬勃的生命力，不会对任何现实妥协。

我们教育孩子，无论能给予什么，都不仅仅是让孩子有好的前程。未来不是我们能够想象的世界，我们能够带给孩子的，仅仅是面对一切的勇气和智慧，以及对这世界的悲悯。教育孩子前，先要看清楚自己。

学员Y：左老师，我估计您的童年是70年代到80年代左右。根据我那些年龄段的朋友描述，童年都是在无知和自我摸索中成长的，父辈们基本上都不管，放养式的。有些“幸运”的，或许是在学校宿舍中集体成长，除了老师们，靠的是同学。

每个时代都有每个时代的特殊性。在信息爆炸的现代，如何适当给孩子们成长所需的管教？必须摆脱自己的成长经验，换句话说，咱们都必须先自我调整，是吗？

左辉：再放养也有影响，自我认知和摸索总有家庭带来的价值观在左右。给孩子的管和教，离不开我们自身，养育孩子需要互动，摆脱自己的成长经验是不可能的。我们只能从成长经验中汲取营养，调整自己，面对孩子时，才能基本上做到和他们进行真正的交流。

集体生活长大的孩子，离开家的那一个瞬间会造成心灵的巨大创伤，一生都会受这个创伤的影响，从而形成一系列的性格特质，这也是家庭影响。这种性格特质，在孩子的教育上一样在起作用，如果不进行自我调节，就不可能疗愈，这个人真正的性格力量，就没有机会显露。他们今后对自己孩子的教育，只不过是继续着当年那个孤独委屈的孩子，想乖乖听话做好孩子以便被环境认可的小小愿望为出发点。不要小看这种愿望，情结附带的愿望，力量是巨大的。这种性格对孩子依然是有影响的。

4. 合不上拍的教育节奏

不要提前教育

学员 M：向您请教个问题：今天是老师第二次找我谈话了，说孩子上课老玩，不认真听讲，不跟着老师的节奏走，但课上讲的内容提问时他又都能回答上来。这种情况我应该怎么和孩子沟通，怎么和老师说？

左辉：如果上课不跟着老师的节奏走，提问又能回答，一般有两种情况。第一种，是你们已经提前教会孩子了，上课内容对他而言没有新鲜感；第二种，是这个孩子理解力很强，老师上课一般是针对大多数孩子的水平，对你家孩子而言，这个节奏太慢，无聊也就只好不认真听讲了。

学员 M：有些内容确实大部分他都会，但拼音以前没有接触过，问他也会。比如数学现在上的他都会，拼音是新学的。

左辉：这么聪明的孩子，不要提前教，而且根本不要关注跟他学习有关的事情，他自己应该知道怎么学。这孩子几年级？

学员 M：学前班。

左辉：四到七岁，正是主动想象力大爆发的时期。有些理论认为这个时期的大脑开发可以提高孩子的智商，学前班的兴起与此有极大关系。

首先，我们还是要厘清一下，人的成功跟智商半毛钱关系都没有。超高智商的天才不是培养出来的，人类历史长河走过那么远，这种天才凤毛麟角，可遇不可求。对智商的空前热爱与培养，是违背人的基本心智规律的。

人类能够成功，靠的是一个人的智慧水平。这个智慧是在漫漫人生路上，不断学习、不断失败、不断总结才学到的。

不可否认，智商在数学和物理学科的前沿阵地特别重要。如果是照着科学家的模式培养，重视智商是可以理解的，但是如果四到七岁时用学前班模式开发智商，将是对智商极大的损伤。

四到七岁，孩子开始出现主动探究行为，他已经小小地在内心形成了一个对世界初步的、模糊的认知，用这个并不完善的认知在外围环境中找寻自己能够作用的地方。

比如挖沙子。我们小区有个大沙坑，旁边还有个人工湖。每到晚上，一群孩子拿着铲子、小桶和各种小木棍，反正能抓到手的任何东西，在沙坑里忙碌。有的在挖沟，有的在灌水，有的在堵水，没有人组织，就像一个小小社会，大家伙儿都在这个工地上各种忙活。

用成人的眼光来看，那个沟挖得太难看，也并不完整，但是在孩子的想象中，那是一条巨大的河，他是河上的大英雄河神，掌管着整个世界，谁都要听他的。别的孩子挖断了河，就是出现了妖怪，他只是重新挖开这条河，但是想象中，他可能已经跟妖怪战斗了数个回合。这种没有任何目的的单纯玩耍，正是孩子在发挥想象力，试图用能够使用的工具，让想象变成能看到的现实。

这个过程中，孩子不受打扰，没有人为控制，没有人引导地、单纯地发挥自己的想象，创造力的基础正来源于此。没有人去评判这样好不好，也没有人去告诉他标准是什么，他完全用自己的方式表达这种想象和快乐，这是创新需要的基本品质——胆量。

很多人其实具备创新的能力，但是没有敢于打破规则的胆量，连想象的胆量都没有，那还怎么创新呢？“80后”之前的人，很多人不大具备创新的能力，正是因为从小思想是被禁锢的，只能按照价值逻辑来进行思考。

所以，上学前班是为了适应一下学校的纪律和学习方式，不是为了学会什么。这个年纪去学小学的课程，我认为是不妥的，短时间看效果不错，别的孩子不会的你家孩子都会了。但是，这种情况一般持续到四五年级，就会跟别的孩子开始持平，也就相当于那么多用来学习的时间都白花了。而且，孩子过早学会抽象的知识，会对想象思维产生抑制，这种思维抑制，在初高中理科的学习中，会成为严重的问题。

这样的问题一般是上了小学的家长才会问的。就算学前班不跟着老师节奏，也是正常的，如果这都是问题，那孩子的人生还有什么乐趣可言呢？老师只是告诉你现象，但是不要认为现象就都是问题。另外，平时在家里对孩子的规则和管理要适合这个年龄、适合孩子性格就好，不要太过。

学员 M：好的，那我们应该怎么和孩子沟通？老师是当着孩子面和我说的，这种情况下怎么和老师说比较妥当？

左辉：如果老师当着孩子面说，你要适当补位，保护孩子，不要让孩子觉得他不够好，老师在批评他。可以这样回答老师“唔，这小子坐不住，会的东西太多了，咱以后少学点吧”之类的，你的态度中绝不能有被批评的感觉，不卑不亢是对孩子最大的支持。离开后用电话或微信跟老师沟通：以后如果和我沟通，不要当着孩子的面。

我们家长大多有权威综合征，只要有老师的称号，我们自觉矮了三分，也就丢掉了分辨真伪的能力。做父母的应该警惕，对老师的尊重和对权威的畏惧，是两种不同的心态。

学员 M：孩子心里已经有了老师叫家长就是自己表现不好的印象，心里肯定有畏惧，我怎么给孩子打气？

左辉：不用给孩子打气，你的表现孩子就能学习到。如果你没觉得老师叫家长就是孩子表现不好，那孩子也不会这样认为的。这跟家庭氛围有关，跟老师无关。

培养自主管理能力

学员A：左老师您好，我家孩子三年级，属于那种调皮淘气的男生，以前我们对他也一直比较放养。最近我经常被老师请去学校，有点压力。该怎么引导他合适呢？最近我们在培养他自主管理自己，就会发现他有些东西忘带或作业忘写了，老被老师批。

左辉：三年级的男生淘气，丢三落四都正常，训练自我管理能力需要长时间，分阶段。第一步，先从管理自己的东西有序开始，比如可以从管理书包开始。能够整洁有序管理自己的书包后，再开始管理其他，最后才开始训练不丢三落四。这是需要层层递进的，不要一下子都开始训练，孩子做不到，家长还徒增焦虑。

学员A：我发现他大部分同学的书包都是家长在背着，整理也是家长在做，估计老师事情多，也喜欢不麻烦的孩子，所以我们家孩子明显就慌乱很多。

左辉：对孩子，你自己要清楚规则的度。别的孩子都是家长帮着收拾的，你要训练孩子自己收拾管理书包，就要知道，他可能会无法跟别的孩子相比。这一点会让孩子受到更多批评，虽然不公平，但这并不是坏事。这在无形中变成了一个磨炼，更高标准的磨炼。总有一天，别的家长不帮着收拾书包了，而你家孩子收拾管理的能力却提高了，也能够很整齐很有序了，这个有序整齐保持中等即可，不要过分。

学员A：很能理解老师，但看到孩子被批评的那种难受……

左辉：批评得多，孩子受挫后还能崛起的能力就强。你需要想的是，怎么帮助孩子摆脱那种难受，然后还能从难受中崛起。

学员A：我就怕还没来得及崛起就被老师边缘化了，毕竟是在国内体制化教育内。

左辉：不会的，相信老师。虽然老师不是圣人，不是大师，但是老师也还是有爱心的。如果你能接受老师这个人，而不只是接受他的方法，老师也会感受到这种接受，不会边缘化孩子的。虽然我们有时候对教育制度不满意，但不代表老师们都不好，实际上，大部分的老师，虽然不是圣人，但真的是好老师。

你对老师的尊重，也同样会影响到孩子。有些家长在学校唯唯诺诺，回家关上门就开始骂老师，表达各种不满意，你让孩子怎么办呢？他会糊涂，不知道哪个才是应该遵守的。家长是学校与孩子之间的桥梁，起沟通与保护的作用，这一点家长们不要忘了。

5. 纪律与放养式教育

学员S：我儿子上一年级，这是他老师发的短信："您别怪我没留面子，孩子现在上课小动作实在太多了，老低头在下面玩东西，说了好多次，效果一般。今天我过去一看，在桌子里面摆了一排，在那排兵布阵呢。孩子年龄小好奇心强，但上课听讲要有一定时间的保证。"我想问问怎样和孩子沟通。

左辉：对于低年级的孩子，要让他们守纪律，只有两个方法：第一，保持趣味性，让孩子一直感兴趣，不会跑神；第二，强制压抑，用各种手段，心理的和身体的。

从老师的短信看，这个老师的课恐怕孩子的确不感兴趣，这是我们必须正视的现状。而这位老师没有对孩子的根本喜欢——不是针对这个孩子，而是老师对孩子这个物种没有喜欢的感觉——这也是需要知道的。一年级应该是刚刚上学，不遵守课堂纪律，不懂得课堂规则。现在是10月底，开学了两个月，也就是说，孩子还没有形成听课的习惯。先不说学校，我想知道，为什么孩子带着整个“阵地”去上学了？

学员S：他妈妈说他学前班也这样，那时我们也管他，但是效果也不好，一直延续到现在。

左辉：如果我是这个老师，可能会尝试另外的方法。比如，我会让孩子干脆把“阵地”搬到讲台的桌子上，跟大家讲一讲他的阵地和他的战斗。时间控制在五分钟内，而后，如果他说得好，我会告诉大家：以后升入二年级，我们要开始写作文了，这可是高难度的语文，很多大哥哥大姐姐都发愁了！可是我们班的小同学，居然口头作文都可以说得这么好，那我们其他的学习也同样会特别棒的，对不对？

如果他说得不好，我会鼓励他用几句话表达他的意思，也同样会鼓励同学们一起参与到对他的支持和鼓励中。班集体的荣誉感是小学生很重视的东西，可惜，老师们没学会怎么用。

学员S：可是现在老师只会批评，搞得我们也头大。

左辉：老师背后背着绩效考评，本身也很头大，没有更多的精力来研究孩子们的心理，来想这个课要怎么教才让孩子觉得好玩。对孩子来说，这一年学不会，下一年还有机会；对老师而言，这一年没出成绩，可能就失去机会了。

所以，父母自己还是要清醒些，老师的焦虑有自身环境压力的因素，并不代表孩子就真的有那么大的问题。就算有问题，也不是焦虑能够解决的，放松才有办法解决。

其实父母们大多都受过良好教育，自己也都是从学生时代走过来的。你们当年成长中的痛苦和懵懂，如今的孩子也一样在承受，你能走出来，他也能。你毕竟有过一次经验了，如果放松去想，还是可以有办法解决的。

刚才提到的小朋友，带着“阵地”去上学，从这一点可以看出家长本身对孩子的规则约束就不强。上学是需要基本规则的，这都不遵守，你让老师怎么办呢？释放孩子的心智，并不是任由其发展，一个从来不懂得约束收敛的人，不会懂得真正的自由和释放。

我不能理解，一个一年级的孩子，家长想要管，居然会管不住，这家长要弱到什么程度，这孩子要强到什么程度？最基本的规则不遵守，再长大些，又如何遵守规则？这不是管不住的问题，这是家长没觉得这事情很重要，麻烦是老师的，家长的麻烦仅仅是被老师发短信说而已。

家庭教育中，规则的设立和执行，是贯穿整个生活的时间线，忽视这一点，将来会后悔的。

6. 搞不清批评与教训的孩子

学员Y：我家女儿今早上学又哭了。她上一年级，刚进学校这俩月总围绕着怕老师这个话题，现在又怕考试。她自己说老师也就批评过她两三次，其他淘气的孩子天天挨批。她怕老师把她留下来，但一次也没被留下过。有时索性就耗时间不想去上学，总问为什么大人要上班？为什么她要上学？老师为什么会批评人？

左辉：你们要慢慢跟孩子讲批评是什么。有时候，有些孩子会搞不清批评与教训，很怕被老师说。你们要慢慢让她明白，一般性的指出错误不算批评，并不表示老师不喜欢她了，只是要告诉她哪些行为不合适。如果有其他的错误，老师可能会批评，这也并不表示老师不喜欢她了，只是不喜欢她的行为而已，改过来就行了。

另外，在家里最好有演练，比如演练各种指出和批评，包括教训。有的孩子的适应期一般会长达一年以上，需要家长做好心理准备。另外，家长也要跟老师沟通下孩子的这种特质，让老师能够和缓一点与孩子沟通，但是要让老师知道，你们在家里有训练，以便尽量让孩子有改观。老师其实不是担心你家孩子不好，他们更担心家长不重视、不理解。

另外，如果决定要上学，又不是老师真的有问题，我还是建议要坚定一些。孩子哭是可以的，磨叽一下也是允许的，但是学是必须上的，孩子适应了也就好了。

高感性的孩子对陌生的环境都会有排斥，会想尽一切办法逃跑。家长接受孩子这种特质，并不意味着可以纵容这种行为，只要温和地坚持、等待，孩子慢慢就会有改观了。

其中，家长自己不要逃跑是最关键的。

有时候，孩子刚做出一点受伤的样子，家长已经动摇了，觉得不行了吧，孩子这么难受，要不就别上学了，不要伤害孩子的心灵呀，等等。孩子虽然脆弱，但是没有我们以为的那么脆弱。面对压力想逃跑，甚至面对陌生都想逃跑，正是某些孩子成长必须要慢慢面对和克服的难题，孩子能够坚持住，很多是因为家长咬牙坚持住了。

7. 抗争不过就逃跑

学员R：左老师，请教个问题，如何教孩子正确面对老师的责罚呢？就是如何教给孩子淡定面对？比如说孩子不太听话的时候，老师会把孩子关屋里，有时候仅仅是领饭的时候手没有放好，也要被惩罚。孩子四岁多，上幼儿园。我们试过投诉，据理力争，都无效，反而对孩子不好。

左辉：这什么幼儿园，单独关屋里，就因为手没有放好？我以前见过一个非常优秀的幼儿园模范老师，要求孩子整齐划一，像军队一样。这整齐化一直被当作先进经验到处传播。但是她自己很痛苦，如果孩子们没有做到整齐，她就生出想捏死这些孩子的冲动。过分追求整齐划一,一般是强迫症的行为，他们心底有很深的不安全感。他们对待自己就是这种恨不得掐死自己的方式，所以对待别人也一样会用这种方式。当然，她是一个有良知的老师，后来自己辞了工作开始自我休整。

我们决定不了老师的行为。所以，在变态的要求下，家长就打算让孩子适应这些变态吗？你是妈妈，如果你学会逆来顺受，只能用这个方式面对外界，那么你所说的正确方式，就只是如何“逆来顺受”，而且心里还要舒服。

抗争不了，至少可以逃跑。这种情况下的正确面对我不能教，这让我觉得我在教你怎么成为一个好奴隶，我抗拒这件事情。

如果你不想去保护孩子，那就没有人可以帮到你。

学员R：转学的话，各种问题下不是太好实现啊。说悲观点，我觉得中国教育体制下有好多让家长无奈的东西。我们区区老百姓，真的很难办啊。

左辉：我觉得养育孩子，安全才是第一位。先是生命安全，然后是不被伤害。如果处在一个明明被伤害的环境中，还要想尽办法去适应，我觉得这就是个无解的悲剧。

改变不了这个世界，也不要完全被世界改变。看似路走不通了，其实是你该转弯了。家附近一般不会只有一个幼儿园，尝试下其他的。孩子小，如果心灵受到伤害，那是一辈子都抹不去的阴影。大些的，比如上小学的孩子稍微能好些，至少还有一点点自我保护意识。

小时候一旦被压迫惯了，压抑的情绪都积蓄起来，那可都是能量，而且这些能量会把所有事情都引到同样的方向。这种压迫的直接结果就是，人看什么都会鬼使神差地钻进同一个牛角尖，所以这样的人往往偏执。也许遇到某件事情，那不过是压倒骆驼的最后一根稻草，于是我们就看到了爆发。

我刚才讲的逃跑，是一种人生态度。我一般是赞成面对的，越是面对，你才越有可能突破，找到一条更加直接的道路。当然，这条道路也更加惨烈，让很多人没有这么大的力量和勇气去选择。

那我们就可以选择逃跑。比如，上面这个案例，跟幼儿园抗衡不过，那就换个幼儿园好了——这就是逃跑，也没什么，反正目的就是不让孩子受到伤害。人生不如意十有八九，如果不想让孩子受伤害，其他方面就要有损失，会麻烦。如果不想麻烦自己，那就让孩子受点委屈吧，这是父母自己的选择。十全十美的事情很难遇到，权衡利弊，看看什么对你是最重要的，这样的选择没有人能帮你。

一味指望幼儿园和学校，我觉得都不靠谱。孩子毕竟是自家的，家长们多用心吧。找一所理想的幼儿园也并不容易，总有很多条件无法满足。用心不代表非要完美，我们可以退而求其次，差不多些的、老师对孩子好些的幼儿园就可以，只要孩子不受伤害，确切地说，至少不受到明明可以避免的伤害，还是可以找到的。

8. 我不演坏人，我驾驭坏人

学员Y： 我和我的孩子最近遇到一个问题。因为我儿子在幼儿园是个非常调皮捣蛋的孩子，他们幼儿园今年排情景剧，已经是第三次让他演坏人了。之前孩子曾向我提过，他不想演坏人了，也想演一次王子。我和班主任提了，班主任不太同意，说要服从分配，不能自己挑角色。

左辉： 小朋友经常会把演戏的角色代入生活中。其实，大人也一样，因为演了某个角色而受到广大人民群众喜爱的演员多得是。演了领袖的演员从此不能演任何坏人或者道德品质不够“高大上”的人物，因为怕影响领袖形象，这逻辑虽然幼稚，但是现实。当年陈佩斯的父亲陈强，因为演了黄世仁，差点被群众给骂死。

所以，小朋友想演王子不想演坏人，这是非常合理的要求。任何孩子都有资格演小王子，无论多么淘气的孩子，多么不听话，都是小王子。

学员Y：我建议班主任能多和孩子沟通下，结果班主任先是和全班小朋友讲大家不能挑角色，然后再单独问我儿子。在这种情况下，我儿子只能继续选择演大盗。儿子在班里确实是不听话的小孩，但是既然他也渴求积极正面的形象，我觉得应该给他这样的机会。老师的反应真的太没有爱心了，我真的很生气，照我的本我，我就想退出演出了。

左辉：在你的生气之下，是什么情绪？

学员Y：暴怒，想在群里公开这件事情，想退出演出！

左辉：生气的外衣脱掉，然后，是什么情绪？

学员Y：我的孩子好可怜！他就是调皮捣蛋任性点，他没有犯什么真正的错。

左辉：自己重复说——我的孩子好可怜，不要停止，一直说。过一分钟，告诉我们你的情绪。

学员Y：为什么老师为了保证自己的节目质量，这么残忍地对一个孩子？

左辉：不要，这些话都去掉，只说那一句——我的孩子好可怜！重复说，不要停止。

学员Y：平静多了，怒火也熄下来了，但还是很伤心、悲痛、失望。

左辉：告诉我，这个情绪的你、现在的这个你有几岁？不要想，直接回答，不管合理不合理。

学员Y：七岁和二十岁吧。

左辉：你七岁的时候发生过什么不寻常的事情吗？

学员Y：离开正常的小学生生活，参加了体校训练。

左辉：能简单说说这个变故带给你的感受吗？

学员Y：孤独。以前熟悉的小伙伴都远去了，训练很苦，教练很凶，我是成绩最差的小孩，不管学习还是训练。

（具体干预过程略）

左辉：所以，那个可怜的孩子，其实是你自己。儿子的确受到了不公正的待遇，不过更多的这种情绪感受是从你这里来的，你明白没有？

每个人都有软弱躲在角落哭泣的一个自己。给自己安慰，才能慢慢开始让这个哭泣的孩子走出阴霾，越来越有力量。

我们无法指望会存在一个公平合理不出问题的世界。孩子成长过程中会遇到很多类似的事情，这些事情也恰恰是对孩子的磨炼，是我们借着这些事情，让孩子获得某些成长品质的机会。

当孩子遇到不公平待遇的时候，你自己内心的这个小孩就被启动了。这时候，想帮助儿子就变得无比艰难，因为你无法从这个情绪中脱离开。而且，从现实的角度来讲，你会无意中放大孩子受到的创伤，在跟老师理论的时候，老师可能无法理解你的情绪，这种时候基本上很难沟通。

所以，先看明白自己的情绪来源，你至少可以先安抚自己那个受伤的内心小孩，而不是将愤怒投向幼儿园的老师。分清楚你的愤怒和悲伤跟儿子的是不一样的，然后我们再想办法来帮助孩子。对于这种情况，有几种处理方法。

你可以不改变什么，演坏人就演了。但你可以跟儿子说："你不喜欢坏人吧？我们大家都不喜欢，那为什么要挑选你去演坏人呢？那不是因为老师觉得你坏，觉得你不好，其实是因为你够淘气，有勇气，有力量，所以你才能驾驭坏人这个角色。演坏人还不会变成真的坏人，那得多大的本事啊！演王子多容易呀，随便哪个小朋友长得漂亮都能演，长得漂亮那是爸爸妈妈的本事，不是自己的，但是能演坏人还能演这么好，还能在生活中是个淘气的小王子，那可全是你自己的本事，多厉害，我还以你为荣呢！”

如果孩子还是觉得遗憾，想演小王子，你可以事后再跟老师沟通。不要责怪老师，只需要告诉老师，演一回小王子是孩子的心愿，如果能够满足一次，无比感谢。就算不是大的演出，在班里小小演一回，也可以让孩子快乐很久。这可以算对孩子演这么多次坏人的补偿，全班同学包括老师，对孩子的一个肯定和支持。

无论在学校出了什么样的状况，家长要学会先稳定自己的心神。带着情绪去找老师，这不是解决问题，不是帮助孩子，搞不好会适得其反。

三、其他环境

1. 不要去狼窝

左辉：我记得之前有家长问过关于女孩子如何防止性侵害的话题。让人悲伤的是，国庆期间又有个女孩被害了，才七岁。大多孩子被性侵的地点都在家附近，大多施暴的人都是家人或者朋友，这一点一定要记牢。我们总是会比较相信家人、亲戚和朋友，总认为一家人一定就是好的。实际结果却并不是这样。

去想怎么在危险中脱身，或者如何智斗色狼，还不如想一想，如何不要让孩子陷入这种危险的境地。

学员 E：我的同龄人，小时候因为被性骚扰、性侵等造成心理问题的，百分之百都是熟人作案。我是“80 后”，和她们聊，她们的父母现在都不知道这些事情。我说的那种基本就是小学以下的孩子，被隔壁邻居大叔、学校老师、同村亲戚……而且基本都不止一次！回忆的人说，很小就有，她不懂，等大一些了又被侵犯，才懂怎么回事，又没法跟父母说。憋到现在……现在也没法说！

左辉：绝大多数的父母还是比较传统的，所以在性的方面十分保守和压抑。这种态度会造成孩子的错觉：性是个不能被父母接受的话题。如果被侵害，她很有可能不会告诉父母。公共场所作案的都这么多，熟人作案的可能性就会更高。打心理援助热线，或者找心理咨询师，还是管用的。

学员E：那会儿没有。现在，当事人还不认为这是个事儿。继续压着吧。

左辉：朋友之间说一说也可以释放些。

学员E：嗯，目前也是如此。

左辉：有些父母会说，我们平时跟她说这个话题是很开明的呀！应该说，讲出来的语言是很开明的，但是背后的态度还是保守的。孩子们接受的大多是我们的态度，并不是语言。

小孩子被性侵的时候往往并不懂是怎么回事，只能隐约觉得是不好的事情。要注意，施暴的对象是成人——我们要求孩子听话，听父母的话，听成人的话，如此一来，成人施暴的时候，孩子很难明白到底如何面对，也不敢对父母说。因为这样说，意味着成人不对；成人不对，也就意味着父母不对；父母不对，这怎么敢当面说呢？我遇见不止一个孩子，对父母的抱怨是不敢当面说出的，他们说给我听的时候，都是要我发誓严格保密的。

我们都喜欢听话的好孩子，但听父母话的孩子，同样也会听其他成人的话。小孩子的界限感不强，无法明了家里的成人和外界的成人到底有多少不同，在孩子内心，他们都是成人，属于同一个世界——权威世界。

也许有些父母会反驳：我家孩子在人群里，会一眼看到我，只听我的话，不会搭理别的人。这个现象当然是常见的，然而，有多少性侵是发生在父母眼皮下的啊？父母不在身边的时候，孩子会把对父母的依恋和交流模式，通通地暂时投射在身边的成人身上，若这成人再和善友好一些，孩子内心就会完全与对方连接，短时间内的言听计从，是绝对可能的。

想象一下，一个小孩子，对外界抱持高度警戒，无论哪个成人都骗不走，那这孩子平时的生活环境要多么严酷，他才能对外界如此不信任呢？偶尔的神童是有的，镇定自若，还能脱困，这是非常罕见的个例，几千年也不一定出一个，千万别指望我们的孩子都可以做到。要记住，孩子做不到是正常的，父母能做的是让孩子不要陷入这样的危险境地。

父母要做的事情是：要培养孩子敢说真话的精神；不要让孩子脱离视线太久，年龄越小越如此；年龄大些的，要保证有办法随时找到；不要忽略男孩受到性侵的可能性，同样的保护也适用于男孩；身体的自我保护意识一定要从幼儿园就开始培养，要非常清晰地告诉孩子，有些部位只能妈妈碰，如果别人碰了，要记得告诉妈妈。

七岁以上的女孩子不要让父亲给洗澡了。父亲对女儿最好和蔼些、亲近些，否则遇到个男人，性侵会变成女儿与男人保持友好关系的方式。还有，尽量不要让女儿与别的男性单独待在一个房间。

不要认为女孩子练过跆拳道就不会有色狼近身。力量悬殊，再怎么叫嚷自己是“女汉子”，也还是女孩。

学员L：我给女儿买了一套绘本，包括一些假设情节，比如邻居叔叔家里养了小猫仔，约孩子到家里看，问孩子可以去吗？回答：不可以。类似的情节假设也会常告诉孩子：不可以。

左辉：这么告诉太简单了。要告诉孩子：可以去，但是不能自己去，要跟妈妈一起去。也可以扩展下：去别人家，一定不能自己去，必须和妈妈一起去。

7. 孩子出国不出国

昨天我一个同学说了一句让我肃然起敬的话。他说：我家儿子就不出国了，既然生在这片土地上，为这片土地做点事情就是他的使命。一代做不好，还有下一代，都出去了，谁来管这片土地呢？

作为父母，我自己也经常在琢磨，要不要让孩子出去读书。这种想法大家都很理解。

我以前带的一些孩子，初中的一群男生，也是对学习头疼无比。我们的办公室就是教室，所以，办公的同时，周围总有孩子们蹿来蹿去。

我在做的企业的性格分析报告被他们看到，他们很好奇地来问我，我就势讲了讲性格对做事的影响。他们非常惊讶地问我，大人也会做不好事情，也要接受考核吗？

我干脆从人的发展，到人所经历的一切性格的影响，以及未来的使命，通通讲了一遍，那一群男孩子居然听得入了神。我跟他们说，我们这一代人没有做好，虽然我们在尽力，但是我们受到自己成长的局限，没有完成这个使命，现在这个使命落在了你们这一代身上。为什么家长那么严格冷酷地让你们学习？就因为这个世界必然是你们的，我们没完成的，要由你们去完成。

难以想象的是，这些孩子当时就陷入了沉思。平时调皮捣蛋的，和平时长于辩论的，全都安静地停了几分钟。之后，他们说出来让我惊讶的话——老师，我们将来大学毕业了，能来跟你学吗？我想知道我的使命。

大家别误会，我不是说出国不好。各人有各人的人生道路，出不出国是自己的选择，这些都是你自己的人生蓝图里本来就有的。至于留在哪里生活，这也是个人自己的选择，深层潜意识中，这片土地所拥有的一切，也是我们自身的一部分，无论你发现或者不发现，寻找或者不寻找，她就在那里，不增不减。

无论是出国与否，还是是否在这片土地长大，如果有机会进入深层潜意识，只要是中国人，一定会在心灵中看到属于这片土地的能量。我不是说在国外的人都要跑回来参与祖国建设，而是说，我们的脸，我们的心灵，都清晰地带着中国的标签，这不是外在的标示，这是我们自己内心的投影。

第四章

适应社会

——帮孩子建立社会规则，使其自立社会

一、日常家庭礼节与规则

1. 让孩子明白规则的真正意义

一般在孩子开始走路的时候，规则就进入生活中了。为什么要有规则？对小孩子而言，规则意味着安全。一岁以内建立的安全感是初级的，来源于身边人，比如妈妈和家庭给予的这个世界带给孩子的欢迎和照顾。当孩子用自己的双手和双脚开始探索世界的时候，他会将自己陷于某些不安全因素之中，所以需要一定的规则，来保护孩子。

这些规则是少少的，一点点而已。随着孩子的年岁增长，我们开始增加规则，这些规则是为了让孩子适应这个世界，因为他们自己与环境互动的机会越来越多。

再后来，我们开始增加家庭的规则，让孩子学习不伤害身边人，并且对身边人友善。一个从小没有学会尊重的孩子，长大了无论有多高的学问，都还是学不会尊重。这之后，才是做事的规则，以及社会的规则。

有些从小为孩子制定的规则，其实大多源于让父母省劲儿，或者让父母更有面子，并没有遵循孩子自身发展的规律。小时候规则和约束过多，长大了就很难再加入其他规则，因为他会抗拒，之前小时候无法反抗的力量，都会在五六年级之后开始积蓄，准备爆发。

有些孩子在课堂上无比活跃，特别能说，大多因为小时候说得可爱，受到极多赞扬，这种“能说”成为孩子获取赞赏的一个重要渠道。如果要求小孩子在课堂上要举手发言，那么无论发言内容如何，张嘴就说的就要受到惩罚，不能因为说得好，大家喜欢，就网开一面。这种因为表现的内容好而网开一面的做法，在我们的家庭中处处存在，很多时候我们对孩子的惩罚是因为觉得孩子做错了，并不是因为孩子触犯了规则。前者树立的是一言堂的权威管理，后者树立的是对规则的遵守。孩子不遵守规则，大多与这种教养方式有关。

等我们发现这个问题，往往孩子已经开始不那么听话了。再重新建立规则的界限，其实蛮难的。

经常有小时候特别有礼貌的孩子，到了中学见了人突然不打招呼了，礼貌也是勉勉强强的，这也是因为礼貌仅仅是孩子学会的一种认识外界与外界互动的方式，并不是规则性的存在。后来礼貌变成是父母的面子，孩子就更不愿意配合了。所以对于如何培养孩子的规则感，技术层面的操作是有办法的，但是父母的心态更是需要第一步调整的。

案例

笑笑五岁半，好奇心重，自制力差，因为从小对她过于严格的限制，造成了她的叛逆：别人的东西不让碰，她偏要去动；

同学的书不给她看，她偏要趁别人不注意时去看。显得很没有教养，让父母觉得很丢脸。本来是一个很随和、大方、友好而简单的孩子，这个问题让她变得不那么可爱了。怎么做能帮到她？

五岁多的小孩子，会经常出现这种人际方面的不合理表现，没关系的。妈妈们看孩子的问题，总是会从自己的角度去考量，可是大人的尺度跟小孩子的完全不一样——我们用精确到毫米的尺子量自己的话，那就用最小单位为米的尺子量孩子吧。

我们期望自己的孩子聪明漂亮有礼貌，做事情不出格，懂事还要大方，这是洋娃娃，这不是真的人类小孩。孩子天性不同，有些孩子喜欢跟人打招呼，有些孩子就不喜欢，不要太强迫。如果孩子就是不喜欢跟人打招呼，但是在家里跟父母的互动都没有问题，那就不要太在意，能够做到不骂人不打架就 OK。这个妈妈之前的管理太严格，孩子出现了反弹，给孩子一些时间，让孩子度过这段艰难期，再开始重新建立规则意识，先不要着急。

九岁、十岁是比较重要的人际时期，这时候一些人与人之间的规则和礼貌问题就要开始进行训练了。比如在家里跟长辈要怎么说话，妈妈喊了就一定要应声，有意见慢慢说，不允许大吵大闹；与人说话要看着别人的眼睛，要正视面对，不可以低头，不可以甩头；对人说谢谢要大声，要让对方听清楚，说再见也要正式说……声音和身体的姿态都是要训练的。

很多家长注重孩子小时候是不是有礼貌，上学后反而忽视了这方面的培养。小学时还不是很明显，一般到了初中就会非常清晰地呈现出来。青春期的问题让很多家长头疼，其实有一大部分都是小学时忽略了与人交往——特别是与家庭成员的交往规则而造成的。站没有站样，坐没有坐样，说话口齿不清，都是很不错的孩子，却让父母觉得拿不出手。

我训练初中生们做俯卧撑，第一次让我大跌眼镜——居然没有一个能够做出标准的俯卧撑来，无论男生还是女生！经过每次课后的俯卧撑惩罚（课上插嘴即做俯卧撑），大多数孩子已经能非常完美、非常利索地完成标准俯卧撑了，那姿势非常漂亮，他们自己也很得意。所以，只是没有经过训练而已，如果真的进行了训练，这些孩子的精神面貌会完全变样。

我这里要说一件有点遗憾的事情，我给孩子们上团体课，上到十几次了，还没有一个孩子认为，他们需要为我搬好椅子。在孩子们的概念里，尊敬师长只是一句空话。其实，他们已经很尊敬我了，但是椅子的问题我却还无法培训到我想达到的目标，因为那不仅仅是把椅子而已，那是一种人际关系中的规范，而这种规范在这些孩子的生活中，基本上没有。我不能用强权去要求，就算要求到了，那也不是真正的人际规则，那不过是一时的服从。

正是与他们在一起，我才发现这个问题：规则的培养在青春期这个阶段，是非常非常困难的。人的一生需要形成的品质，在每个年龄阶段都有不同的任务，错过了再回头去补，往往艰难。因为正在经历的年龄阶段中，还有这个阶段需要培养的品质。

我以前有个学生，他来跟我学怎么讲课。他上讲台第一次训练，那叫一个哆嗦呀！站没站相，人弯成个茄子，还是S形的，话也说不利索，腿也哆嗦，嘴也哆嗦……我布置给他的功课，是回家每天靠着墙站二十分钟，当然，还要加上心理学的训练技术，才过了一周，他上来讲了五分钟，令台下观众惊艳。

我们很多父母不太注意对孩子身体仪态的调整。一个人，如果仪态开始改变，整个人的精神面貌就会发生改变，会帅好大一截子。上学的孩子，我建议家长至少要给他们置备一套正装，需要稍微讲究点质地的那种，不要总是一身运动装穿很多年。运动装是用来运动的，不是万能的服装。一些正式的场合，比如去博物馆，去图书馆，去参加婚礼，要让孩子有机会感受正式礼节的熏陶，有机会在正装里让自己挺拔。

另外一点，尽可能让孩子学会一种体育项目，尤其是男孩子，无论是跑步、骑行、游泳，还是其他，有个擅长的、比一般朋友稍微强一点的体育项目就可以。在你们经济条件允许的范围内，为孩子的体育项目准备一身“孔雀毛”——专业的衣服。这衣服可以让他在青春期的时候耍酷，可以与众不同，可以自鸣得意，可以自我欣赏，顺便让路人赞叹膜拜下就更好了。

一定程度上的自我感觉良好，是必不可少的，这是社会化中的一个初步环节。

总结

我们要理解规则到底意味着什么。规则不是仅仅由孩子来遵守的，父母同样要遵守规则，如果违反了规则，受惩罚的也包括父母，这样建立的规则才是长期有效的。否则，孩子就会觉得，拥有特权就不必遵守规则，好多成绩好的学生抱持的就是这种思想。同样，一些家长因为有特权，也不遵守规则，这种价值观，一样会传给孩子。

7. 家庭中的日常规则制定与管理

左辉：家庭中，孩子如果行为犯了错，惩罚的时候家长很难做到仅仅针对行为，大多家长直接用情绪进行诛心训斥，却不对错误的行为进行惩罚。这样造成的结果是，孩子内心不满抵触，却改不了行为的错误。所以，如果不是大是大非的问题，我们日常无论是对爱人还是孩子，可以尝试态度和蔼地惩罚，不要诛心。

关于家庭规则，大多数父母都没有仔细想过这个问题：目前的家庭，大多是潜规则。既然是潜规则，就要大家心知肚明，却不说出来，要琢磨；既然是琢磨，就多了很多可以发挥的空间，也就是恣意妄为的空间。

这样，处于优势地位的父母在管理孩子的时候，都不需要管理自己。大家诚实一点想一想，你们的父母在当年教育你们的时候，他们说的一些做人的原则，他们自己是不是做到了？有没有教育过你不要拿人家一针一线，自己在菜市场却一不留神顺走一根葱？我们教育孩子说话要礼貌，不允许大哭大叫，不允许不讲理……那么我们自己对待孩子的时候，是不是确信自己都是很有礼貌的？不会不讲理？不会对孩子大吼大叫？

小的、太细节化的家庭规则，其实我们是很难在现实中遵守的。理想很丰满，现实很骨感，所以承认骨感的现实吧，其实大家都差不多。在承认现实的基础上，家人可以一起开会商量家庭规则，先制定大家能够遵守的规则，然后一起遵守这个规则，如果确实做到了，再看看有哪些需要改进的，那就再商量改进。而不是按照理想和希望的原则来制定规则。

学员L：今天孩子就是不起来上学，让我给吼哭了。我问她为什么不去上幼儿园，她只是说自己病还没好，会传染（咳嗽一周没去）。但其实她已经好了。

左辉：明明是幼儿园，为啥偏偏上来就说上学呢？这个概念就有问题。幼儿园就是幼儿园，不是为了学习去的，这一点家长最好要搞明白哦。一周都没去上幼儿园的孩子，重新上幼儿园的前一天，要开始提醒孩子，作息要调整到上幼儿园的状态，让孩子心理做好准备，一般不会太有问题。如果孩子不想去，我的意见是，幼儿园的孩子，不需要那么严厉吧，这个年龄段的孩子，表达自己的情绪喜好都是比较直接的，不喜欢就不愿意去。如果家庭条件允许，多在家里待几天也是可以的，对幼儿园的小朋友不用那么严厉。

家长对上学这件事情有点太执着了，放轻松些。我们可以从小学开始，注意孩子尽可能不要请假，但有病或者有事情，正当理由请假都是可以的，幼儿园就不要那么严格了。站在孩子的角度想一想，好不容易刚学会站稳，能跑能跳能淘气了，却给捉进幼儿园关起来，要是幼儿园很好玩，孩子会不愿意去吗？哪个去“淘气堡”的孩子，不是爸妈捉回家的，玩多长时间都玩不够？

一些原则和规则是需要遵守的，但是不能抛开孩子成长的正常规律，一个幼儿园的孩子，居然“享受”的是上学的规则，这一点也太残酷了。

学员Y：中国年纪大一点的家长开明民主的似乎不多啊！小家可以遵

循的规则，在长辈面前就失去了效力。不想让父母难过，又想坚持自己的教育理念，我该如何去平衡呢？

左辉：嗯，这个问题提得好，这确实是很多父母面临的难题。我要说，老父老母也是需要管理的，大家能同意吗？孝道的教育搞得中国的孩子无论什么时候在父母面前都似乎无法坚持自己的意见。

学员Ｙ：父母还会说：我们把你培养得不错，为什么到了你的孩子，我们就帮不上忙了呢？

左辉：让父母难过的不是我们的教育理念，而是我们对他们的不认可。父母的很多做法和观念，一方面是跟不上社会节奏的，另一方面，是带有自身一些情结的。如果我们能够看清这些影响，就能够在父母的做法中，找到可以借鉴的好方法。

问题就是，我们自己对父母，是不是真的认可？我们与父母的关系，是不是真的很融洽？

如果大家静下心来回忆，你们与父母在教育孩子上的分歧和矛盾，跟你们和孩子在孩子学习上的分歧和矛盾，是不是很相像？

情结的影响，家庭内部沟通的模式，都会成为影响来源，这些不是能够一蹴而就获得改变的，所以，规则反而更加具有可操作性。

针对孩子的养育需要规则，同样的，针对父母与祖父母之间的沟通交流需要规则，孩子与祖父母之间的沟通交流也需要规则。

比如，孩子的教育，以谁的观点为主？由谁负责实施？如果实施不当，别人需要怎样补位，而不是直接在教育孩子的时候指出错误？这些都是需要家庭成员之间达成一致意见，然后慢慢去实施的。

很多祖父母不肯遵守规则，部分原因是没有获得孩子父母的认可。孩子父母对老人的做法不认可，会让老人很伤心，虽然他们的一些做法可能不合时宜，但也不是毫无可取之处。有些父母自己忙，不管孩子，全部生活交给祖父母打理，但是在孩子的教育问题上又有一堆的意见，自己却不在生活中付出一点一滴，这当然会出现矛盾。

一般的原则是，谁负责生活，与孩子待的时间最长，谁最具有发言权。

尝试了解自己的父母，并尝试理解他们。心灵如果不能产生联结，现实的冲突就很难化解。原生家庭对人的影响超出我们的想象，潜意识中有一部分能量是家族传承所赋予的。跟父母的很多纠结，源于误解。这个结不那么容易能够解开，但是一旦解开，你就能够清晰感受到家族真正的心理力量之大，之厚重，以及作用于你的心灵之深。

3. 吃饭与表达愤怒的规则

学员 X：左老师说到规则，我有问题要问。有没有具体的规则项目是必须确立的？还有你说过从学步期就要立规矩，我也立不上去。

左辉：学步期？是一岁吗？这个时期最重要的规则是吃饭的规则吧。让孩子自己吃，不喂，吃完才能离开饭桌，一旦离开饭桌，就没有饭可吃了，饿就饿着。那种到处追着喂的，就是不设规则的典型表现。

当然，孩子要用的饭碗和小勺，都必须是称手的，也可以用手抓。还有，不要怕孩子衣服脏，勤换呗。孩子自己动手，肯定弄得到处都是，如果要培养吃饭的习惯，就不要总是注意孩子吃没吃干净，是不是弄脏了衣服。

还要立的规则是，孩子有不满意或者想要什么，要学会说出来，不允许发脾气摔东西。如果摔了，是要受到惩罚的，但是家长别对孩子发火，坚定地执行惩罚就好了。家长们经常犯的错误是，一旦孩子犯错，就大加责备，孩子会认为是你生气了，不会认为是自己做错了，这一点要注意。

另外，设立规则不可以太细，一件事情里，只以一个规则为主。孩子学习是缓慢的，这个时期要养成的是守规则的意识，接受规则这种东西，而不是立刻学会守很多的规则。

规则是循序渐进的，也要依据不同孩子的性格有所调整，不要一刀切。

4. 买东西的规则与家务劳动

学员 M：我有个问题，怎么对付孩子出去老要买东西的行为？我带闺女去商店，她不停要这要那，我不断否决。她很郁闷，我也觉得不太好。

学员 Y：这个我有经验，出门前跟她说好，只选一样东西！

学员 M：我也会跟她这么说，可她看到喜欢的还是忍不住要，我否决。她自己讲的故事里，妈妈就是不论宝宝提什么要求都不会同意的。

左辉：适当地开始给孩子一些零用钱，让她能够支配自己的一些欲望，顺带着管理自己的欲望。如果孩子经常跟着你去超市，货架上花花绿绿的，又不让买东西，又要看你买，这考验也太大了。孩子一方面会被东西吸引，一方面会被妈妈买东西的行为吸引，她也想学的。

出门前，可以跟孩子一起商量，今天家里需要买什么东西，有哪些可以选择的。到了超市，你不要自己选择，而是跟孩子一起选，把买东西的事情变成亲子游戏。她跟你一样拥有决策权，如果否定她的选择，要告诉她原因。另外，如果不是很原则性的问题，允许孩子的选择出现些偏差。作为她帮助家里选择物品的劳动成果，可以允许她选择一个在接受范围内的东西。当然，也可以鼓励她把这个钱省下来，存多了，可以来买更贵更喜欢的东西。如果孩子不愿意存，就是想有一点花一点，也不要阻止，要维护她的选择权利。

学员 M：她那天主动提出要用听话表现好来赚我手里的钱，说听话表现好就让我买她喜欢的东西给她，可我还没想好怎么让她赚钱。

左辉：用听话表现好来作为奖励的原则，这是错的哦！我们想要培养孩子的是能够尝试考虑家里的需求，慢慢懂得怎么选择，而且能够管理自己的情绪，从而学会怎么管理自己的金钱，怎么管理自己的欲望，不是讨好父母，以父母的主观意愿为行为标准。这一点要切记提醒自己。

既然要训练孩子如何花钱，那当然也得让孩子挣钱。关于挣钱的管理，家长除了给零花钱之外，还可以给孩子分配些有偿的家务劳动，让孩子有挣钱的渠道。

有偿的家务劳动，是为了给孩子提供一个在家里可以挣钱的渠道。这是让孩子通过管理自己的行为，对自己的工作负责，养成良好的习惯和工作态度，从而获得合理报酬的方式，是一项重要的社会化练习。但是，有些家长把这变成了“培养孩子做家务”的方法，这是本末倒置的。

每个行为设定背后，家长都要考虑清楚这样做的意图，不要琢磨一箭双雕的事情，能做好一个目标就不错了。挣钱的劳动就是挣钱的，目的明确，可以谈价钱，可以谈条件；不挣钱的，为家庭应该付出的，应该承担的，就是应该的，大家都有自己分内需要承担的。每个家庭成员都要承担一定量的家庭劳动，其中有一些是属于挣钱性质的，做了就有钱赚，但必须先完成自己分内的工作。

这些项目因家庭而异，年龄不同，需要面对的家务也不同。中国和其他国家相比，城市和农村相比，现实中家务的种类并不相同，男生和女生需要做的家务也是不同的。大的原则是，自己的屋子自己收拾，收拾的程度，按年龄划分。倒垃圾呀，扫地呀，擦桌子呀，收拾碗筷呀，把脏衣服扔进洗衣篮呀等家务活要学会进行分解：有些孩子可以承担的，就让他们承担；哪些可以挣钱，哪些自己承担，可以全家人开会一起决定。

西方在过程管理和流程梳理方面特别厉害，这与他们类型化的思维方式是直接相关的。中国人属于关系型的思维方式，我们注重内在机制和相互关系，而现代管理思想基本都是基于西方思维方式的，所以中国人适应起来是有些困难的。

家长最容易犯的错误是定好了规则，在执行过程中，如果孩子的选择结果不是家长期望的，就往往干涉孩子的选择权利。干涉后的结果也可能按照家长期望的方向进行了，但整个事件对于孩子的意义也没有了，孩子因此会受到极大的挫伤，再坚持就难了。我以前在家做饭的时候，我妈老在旁边又叫又嚷，我干脆溜走了，跟她说，我干个活儿你还垂帘听政，你自己干，我罢工！把我妈气得不得了。

学员 M：有些规则，想法很美好，一旦实行了，出现偏差的时候，我会不由自主设置更多附加规则，最后搞得大人孩子都混乱了。

左辉：因为家长自己的自我管理能力其实并不高，对这一点一定要有自知之明。所以制定规则的时候，家长都挺清楚的，特明白自己想怎么管孩子，一旦执行起来，往往稀里糊涂就出问题。因为一进入实际操练，就会出很多计划外的状况，自我管理能力不强的人，在这种具体的操作过程中，大多“捉襟见肘”，不知道要如何应对。所以，量力而行，别制定自己执行不下去的规则。

5. 爱绑架与隐私权

案例

我有位朋友，她是个三岁孩子的妈妈，她说在儿子三岁前，她上卫生间不注意关门，孩子经常跟进来。后来她觉得孩子越来越懂事了，让他看到自己蹲马桶的样子不好，就不再允许孩子跟进来。

孩子不听，非跟进来不可，妈妈很耐心地给孩子讲道理，总没什么效果，妈妈只好强行把门闩上。可孩子每次都在外面拍打着门，哭得声嘶力竭，有一次甚至哭吐了。从此，孩子的注意力都放在妈妈去卫生间这件事上，即使他正和姥姥玩着，或正在看电视，但妈妈想悄悄地溜进卫生间时，他不知为什么总能发现，会马上丢下正做的事，冲过来高喊“不让妈妈上厕所”。这位妈妈非常发愁，每天上厕所成了一件警察抓小偷的较量，感觉真是累人。

我对她说，既然前面已讲过道理，没用，就不要再讲，换一种方法，用问问题的方式来给孩子做思想工作，效果也许更好。

我建议她问孩子三个问题。

第一个问题："你不让妈妈去卫生间，那你觉得妈妈尿裤子里好还是尿马桶里好？"大多数孩子第一问就可解决问题，他们会很快判断出来，尿裤子不好。孩子一旦给出这个答案，多半不会再阻拦妈妈去卫生间。个别孩子，因为和家长为这事拧巴了挺长一段时间，可能会故意别扭着回答，说尿裤子好，那么接下来家长问第二个问题。

"你喜欢妈妈高兴，还是喜欢妈妈不高兴？"一般情况下，孩子肯定会选择喜欢妈妈高兴。就像父母本能地会爱孩子，孩子也会本能地爱父母，愿意讨好父母。所以在这个问题中，几乎很少有孩子会选择要妈妈不高兴。这样问的目的，是引导孩子对第一个问题重新做一下选择。如果孩子重新做出正确选择，要真诚地表示出愉快，肯定孩子的懂事。然后让孩子在外面等着，并给他一个期待，让他看看一会儿妈妈出来后，是高兴的还是不高兴的。

对一个幼儿来说，只要有一两次，他体会到正确选择的快乐，看到妈妈因为自己的选择而高兴，正面心理得到强化，问题多半就解决了。万一你的孩子实在是特别，到这里还不行，固执地选择要妈妈不高兴，那继续问第三个问题。

"你希望妈妈只是今天不高兴，还是明天也不高兴？"我几乎不相信哪个幼儿会继续选择让妈妈不高兴，只要他选择了明天要妈妈高兴，事情就又可以回到第一个问题上，按前面的套路来解决。最意外的是孩子继续选择明天也不让妈妈高兴，妈妈在第二天可以接着问同一个问题：妈妈今天因为不能正常上卫生间不高兴了，你希望明天妈妈高兴吗？——家长问话的态度拿捏好，要平和而真诚。夸张的口气会误导孩子，让他以为这只是个游戏，故意做出错误的选择，以延长游戏时间；当然更不能表示出生气，那样会让孩子觉得自己坏，刺激其负面心理。只要孩子感觉妈妈内心没有恨意，他绝不可能一直要妈妈不高兴。

这位妈妈后来告诉我，她问到第二问，问题就解决了，很有效。

这个案例里，处理方法是对的，只是问孩子的三个具体问题稍有不妥。本身这个年龄的孩子开始进入控制阶段，对卫生间这样的事情是比较关注的。这个案例中的方式在一定程度上是管用的，不过不是治本的办法。这个年龄段的孩子，极容易用厕所相关的方式来实现控制，要么自己动不动上厕所，一上就不出来，要么干涉妈妈上厕所。孩子超强的控制欲背后，似乎有紧张和焦虑，这些情绪没有被关注到，来源也就更不可能搞清楚了。母亲与孩子之间一定有什么与控制相关的问题出现，这一点被忽略了。

可以问问平常孩子自己的排便方式，他对妈妈进入卫生间的感受，以及平时母子之间的常见沟通方式。

是与否的选择过于理性，也太具有诱导性。这样的方式用多了，孩子会觉得很不舒服，自己始终像被催眠似的，实际上并没有任何选择权。利用孩子对妈妈的爱来进行管理，这方式还是有点恐怖的。如果经常用这样的方式对孩子进行管理和控制，这个孩子长大后脾气会很大，不发火则已，一发火必然伤己伤人。

这种问话方式，是以成人为本，不是以孩子为本的，根本目的在于解决目前妈妈的困局，并不是在解决孩子的问题。

我们说的爱绑架，一般指的是父母用自己对孩子的爱来绑架孩子的行为，在这个案例里，父母利用孩子对父母的爱，来绑架孩子的选择权，貌似目的达到了，问题解决了，但隐患也悄悄留下来了。

这个处理事情为主的案例如果只作为治疗的第一次是比较精彩的，问话的内容做一点调整就可以。后续应该跟上的是对于亲子互动模式的跟踪干预，稍稍做点改动就更好了。

但如果就此停止，这就比较有问题。这背后折射的正是成人的权威思想，无意中全是为自己考虑，忽略孩子的感受，也忽略孩子的选择权。若再加上强调成人的决策权，这样的孩子，有可能就会因此受到伤害，长大以后忍气吞声，什么都不容易表达出来。

孩子的紧张和焦虑是有原因的，要找到这个原因，才能真正解决问题。今天解决了妈妈上厕所的问题，明天也许变成了不让妈妈出门的问题，真正的情绪被忽略，问题解决仅仅是暂时的。

总结

先关注孩子的情绪，再寻找情绪产生的原因，最后才是寻找解决问题的办法。

当然，在家庭里，关于上厕所，是需要教会孩子关于隐私权的问题的，这个权利孩子同样享有。

同理，卧室里，也是具有隐私权的，进爸爸妈妈的房间需要敲门，那么进孩子的房间也是需要敲门的，规则需要大家都遵守，这规则才有意义。

二、社会活动原则与规则

1. 孩子喜欢打人怎么办

学员：我家孩子就是很坏，有时候欺负小朋友，现在回家欺负爷爷，我姐姐的孩子回来她就欺负人家。两岁半的孩子怎么会这样？

左辉：具体问题要具体分析。对欺负人的孩子，一般就要反过来欺负他。不过，我怀疑你们家的人下不去那个手。我观察到很多动手打人的孩子，基本全是家里人给惯的。

我女儿一岁多的时候，在小区玩，有一个两岁的男孩子，据说是小霸王一样的，动手打别的孩子他们家都不管。我女儿趴在花坛边玩，他居然上来一脚踩在我女儿手上，而且绝对是故意的。

那孩子是保姆带着的，她任由我女儿哭，居然连一句对不起都没有，也不管教自家孩子。我直接握住那个小男孩的手，跟他说：你是哥哥，可是你在欺负妹妹，阿姨要替妹妹报仇，小手伸过来，阿姨要打一下。

那孩子完全蒙了，估计从来没有人这么对他说过话，就这么乖乖地被我打了一下手心。当然了，我只是轻轻地打了一下，以示惩戒，甚至可以说只是摸了一下而已。家长要注意：对两岁孩子的惩戒，要注意分寸的把握和拿捏。可是，那家的奶奶居然在五分钟后，以一副吵架的架势冲过来，嘴里说的是看看他家孩子踩着谁了，但那个架势摆明了是来兴师问罪的。

对待气势汹汹的人，最好的办法是不怕她。你的淡定和不惧，是她不敢轻举妄动的最大保障。这里要千万记住一个原则：不要在孩子面前与别人冲突。当一个人来与你吵架的时候，她是鼓着气来的，如果你也鼓起气来，这一顿吵架就免不了了，对孩子反而是莫大的伤害。带着孩子的时候，最好不要与人争执。远离是非之地，是保护孩子非常重要的原则。

但远离不代表逃避，这一点要清楚。如果搞成人家天天都敢欺负你，那就不好了。我这是一个非常危险的做法，大家不要学。自己的孩子自己管，管教别人的孩子是需要付出代价的，所以这个案例拿出来告诉大家怎么为两岁孩子设立规矩，本身我的做法并不可取。

这个小男孩后来看上了我女儿的扭扭车，想玩儿。我跟他说，可以给他玩儿，但是不许弄脏，不许弄坏，还的时候要好好还到原来的地方。

那孩子拿走了扭扭车，还回来的时候扔在另外一头。我告诉他：你必须把扭扭车推过来，从哪里借走的，要还到哪里，下次我才会再借给你。要不，下一次妹妹好玩的车和玩具我都不愿意借给你玩了。

他真的去把车给推了回来。而且以后，见了我都会收敛自己，会跟我对视说话，不再欺负我女儿了。这说明，这个孩子不是天性如此，他打人和抢东西，都是家里人不设规矩给惯的。

对孩子设规矩，一定要记住的原则是：态度要和蔼，不要有任何情绪和不开心。有情绪的话，孩子会敏感地觉察到，他会误以为你不喜欢他。如果孩子这样认为，你的任何教育都不起作用。

温柔而坚定——眼神要对视，但不要逼视。跟小孩子也要正式地对话，不要以为他们听不懂。

实际上孩子是讲理的，虽然只有两岁半，如果他欺负别人，你也同样欺负他，他自然也就知道自己是不可以这样做的。孩子在这个阶段主动探究和控制意识都在成长，有的孩子会针对周围环境进行控制，有的孩子会针对自己进行控制，在日常的行为中，让孩子学习一点原则和适度控制，都是很有必要的成长教育。

7. 情窦初开背后的问题

左辉：今天我在网上看到一个新闻，一个九岁的小男生跪地向喜欢的女生表白，爷爷到处找办法，问大家怎么办。网友纷纷支着儿，有建议把孩子注意力引导向学习的，有主张淡化的，有分析孩子状况的，大多都认为是影视剧给教成这样的。当然了，影视剧呀，游戏呀，网络呀，一般是中国孩子学习情感表达和恋爱相关知识的途径。反正讨论里分成两派：一派认为这不是个事儿，一派认为这是个事儿。

那到底是不是个事儿呢？大家怎么看哪？

学员 M：我认为是个事儿。

学员 W：我认为不是大事。

学员 M：如果我女儿九岁就遇到这事我会觉得比较可怕。

左辉：被人喜欢有什么可怕？

学员L：我女儿前几天生日，一起长大的邻居男孩儿和妈妈说，“我要拿我压岁钱一千元送给她”，当然没实行。女儿听说后说，才一千啊！我们都当笑话了，当成孩子成长的插曲。

左辉：这个爷爷之所以跑到网上找办法，就是因为孩子基本上全是他自己带着。孩子爸爸要是知道，肯定会揍孩子一顿；孩子妈妈是个女强人，忙得根本顾不上孩子。

孩子喜欢女生，跟她表白，这其实没什么大不了的，正常引导就可以了，但是这个男生的方式稍稍突兀了些。跪地表白这个行为肯定是从电视上或者网络上学来的。一般，如果是自己喜欢的人，跪地表白会获得感动和允诺；但如果是自己不喜欢的，或者没想到的，大多是被吓着，甚至女生会觉得丢脸。

这个小男生跪地表白显然发生在学生中间，是在学校里。孩子一直与爷爷在一起，爷爷对孙子是很疼爱的。一般，这样的爷爷很少会立严格的规矩，所以，孩子可能在规则方面会有欠缺。

怎么说呢，我举个例子吧。有个男生来我这里时，已经初二了，说话含混不清，站着坐着都没有型。不写作业，不好好听课，每天沉溺于网络。但是他相当聪明，成绩其实还不差。老师讲课的时候，他整个人都躺在椅子里，或者满教室溜圈儿；跟人讲话从来不看人眼睛，不好好回应。

这个孩子，从小父母非常忙，天天陪着他的是保姆，可以说，这就是个保姆养大的孩子。保姆对待这个孩子，能够做到的最大的原则就是他不要受伤，不要出问题，身体健康不生病，老师那里能应付，就可以了。

有一种性格特质是在与人对话的时候，不会直视人的眼睛，无论男女。这是高感性特质的一种平常表现。这是需要日常好好训练的，而且要长时间慢慢训练。这样的孩子从小没有人给立规矩，从小没有学会与人正常交往的方式，到了青春期，依然是一个生活行为都很幼稚的孩童，要哄着劝着，但是情感发育已经开始进入萌动，而且会变成个动不动就要发火的“小炮仗”。

所以，我们说的那个跪地表白的九岁小男生，最大的隐患并不是爱的表达，而是不懂得规则，不知道同辈人之间的正常交往方式，加上情感丰富，很容易走向癔症的方向。到了青春期，癔症的表现会更加突出，大喜大悲，大哭大笑，每天过得都像琼瑶剧里的主人公。

3. 竞争带来的残酷后果

高考放榜之后，接连出了几起篡改他人志愿的事情。篡改别人志愿这件事情，跟偷一颗糖果，拿走别人一支钢笔，是同样的事情，只不过程度差异很明显，前者是偷东西，后者是偷走别人的人生。

教会了孩子竞争，教会了孩子争取，也教会了孩子不择手段。

这种不择手段满社会都是。

影视剧的钩心斗角，网络游戏里的暗黑，为了学习成绩报各种培训班，都是不择手段的变种。当一个孩子的人生目标只是为了考上一所大学，从而有一份有保障的工作，这人生就已经开始进入悲剧的轮回。

为了学习，保证时间和效率，父母全身心投入到照顾孩子饮食起居上。快二十岁的人，连袜子内裤自己都不洗，更不要说会做一点家务，他们不用付出任何力量给家庭，只需要奉献学习成绩。

所以他们不用为家庭负任何责任，他们也不用为自己负任何责任，他们所有的力量只需要保证一件事情——成绩，然后就可以当大爷，享受人生。

当鸡蛋只放在一个篮子里，这篮子便弥足珍贵，要用一切手段保证它的万无一失。

谁都没有想过这种看似发生在家庭里的平常事件，会与犯罪这么可怕的词联系在一起。

如果不是警方的介入，是不是仅仅批评教育也就完事了？

大家在一门心思奔高考的时候，忘记了有一种我们身边如影随形的东西——社会规则，上升到国家的高度，这东西叫作法律。

其中一起事件中的两个父亲的事后反应挺有意思。

篡改志愿的小郭的父亲说："短短十几天，他瘦了十几斤，小郭在被拘留之前曾经想过自杀，而他也已经处在崩溃的边缘。"

父亲心疼儿子可以理解，在这个节骨眼儿上，除了心疼还是心疼，试图用这么惨的境地唤起大众的同情，让儿子可以逃脱法律的制裁，看不到反省，看不到对自己、对儿子错误的深刻认识。中国百姓有些逻辑特别奇怪，人家都那么惨了，你怎么还忍心惩罚？反正大家都是"小强"，那就比一比，谁能比谁更惨呢？如果这事儿不暴露出来，崩溃的就是别人家的孩子，那就跟自己没有关系了。

无视规则，都是从家庭培养起来的。

某个著名演员的儿子被抓，母亲事后的表现也是这种状况的极致反应，可见这并不是特例，从名人到普通百姓，都差不多。

而被改了志愿的孩子小常，他的父亲说，这件事给小常带来了很大的心理负担，小常已经不愿意再面对媒体了。而作为父亲，他很担心孩子虽然经过努力上了大学，却会因为这件事带来厌学的情绪。

小常的父亲，他的担心——竟然是孩子会有厌学的情绪！

这当然不仅仅是这个父亲一个人的想法，这是中国千万个父母的共同想法。

太关注学习了，太关注上大学了，以至于完全忽略了孩子的心理创伤。

小常面临的心理困境，有两个是最重要的。

第一，信任系统被摧毁。同学好朋友背后这么黑自己，不惜毁掉他的高考，以后还怎么交朋友，以后还怎么对别人建立信任？

第二，自罪感是难以放下的包袱。明明自己是受害者，但因为对方的被逮捕，变成了是自己让同学好朋友变得这么悲惨。前一个孩子不知道自己要为自己负责，这一个孩子不知道自己只需要为自己负责，别人的错误要由别人来承担。

长久以来，父母们只记得关注孩子吃饱穿暖学习好，其余的人格培养、性格培养、社会能力培养，等同于无。

事件中的双方，是中国大多数父母的代表，为了前程，忽略了对孩子进行社会规则培养，触犯社会规则的是少数，但是要注意，触犯社会规则的往往不是小事。

4. 尊重公共空间的秩序

有些家长问我，左老师，为什么不是遵守公共空间的秩序，而是尊重呢？秩序是用来遵守的，尊重这个词好像说不通的样子。

国人在国外那些不堪入目的表现我们不提了，我们只说说家门里的内容吧。

《我们诞生在中国》这部纪录片正在热映的时候，我去看了。我右手边坐了一家人，父母和三岁的孩子，再往右，坐了另一家人，也带着一个大约三岁的孩子。

灯一黑，一个童声传来，“为什么关灯，妈妈我怕！”然后“嘘”一声被制止。

然后，影院里除了周迅的解说，我不得不继续忍受一个妈妈两个妈妈此起彼伏的解说，因为孩子不懂，不停地问，她们要不停地讲给孩子听，比如：

“妈妈，为什么淘淘走了？”

“因为他爸爸不要他了。”

呃，这对一个优秀的教育工作者来说，是何等虐心的一个解释。

好吧，我也是一个妈妈，我能理解忍不住想打开孩子的眼界，忍不住想让孩子见识“高大上”的纪录片的心情。好吧，我忍。

然后，雪豹达娃死了，孩子开始闹腾，妈妈开始安慰。

然后，喝水，吃东西，嫌冷，要换座位，找妈妈，等等。

让一个三岁的孩子进入黑暗的密闭空间，这绝对是考验胆量、考验意志、考验耐心的磨炼。

关键是，这黑暗空间还有别人，同样花了电影票来看电影。

保持安静，是最基本的规则。

除非包场，五岁以下的孩子进入这种公共影院，都是不应该的。为什么？因为他们不太可能在全程一个多小时的黑暗空间里，保持安静。

我们可以不跟孩子计较，但我们要跟这些已经成人的监护人计较。

明知道孩子会闹腾，还是要带入这样的需要安静的空间，这摆明了就是无视公共空间的秩序，这不是遵守的问题，这是压根不尊重的问题。

以前去看过一个话剧《罗生门》，大家都知道，这是犯罪主题的内容，居然有妈妈把不到五岁的孩子带进去。全程孩子都吓得哭声震天，那妈妈居然一直忍着一直看下去，且不说观众们心里百爪挠心，这妈妈倒是一点不怕为孩子带来负面影响。

如今网络这么发达，过一阵子，这些片子在网络上都能看到，为什么非要挤在一起凑这个热闹呢？这么小的孩子，晚几个月看到，也影响不了人生不是？

去博物馆，小孩子还好，可以抱着，大点的就麻烦了，满处乱跑，叫嚷。放养要找对地方，遵守基本的公共规则，与放养并不矛盾。

去科技馆的时候，球幕电影的楼梯很窄，大家都排着队，慢慢往上挪，一个妈妈从后面一路包抄，挤过队伍，儿子紧随其后，他们对视的眼神是那么得意。他们看了宇宙又如何？太阳月亮都在自己的轨道上运行，都要遵守宇宙的法则，看的人却无视规则，以为自己可以随意打破条条框框。这种教育下成长的孩子，将来是打算脱离宇宙吗？

请排队，请勿干扰别人，请勿破坏公共财物。这三点，可以说，是公共空间的三个基本规则，先让我们尊重这些规则，至少心态上愿意遵守，再看怎么约束自己的行为吧。

三、社会事件与文化的影响

1. 如何应对灾难事件的影响

学员Y：左老师，问一下，当孩子看到别人的灾难，比如看到新闻里的坠机事件、爆炸事件、地震等后对自己的生活产生了担忧，我们应该怎么引导？

左辉：这种状况一般出现在小学低年级的孩子身上比较多。

首先，不要急于解决这个问题，出现这种状况的原因之一是，孩子开始思考外界环境与自己的关系了。他们能够开始分清楚同学之间、男女之间是不同的，所以，这个阶段也是男生女生各自成团的时期。

但是，他们还不能十分理解外界所处的环境与自己身边的小环境到底有什么不同，包括一些事物之间的不同。比较类似或者有些特质相同的事物，孩子们很容易搞混。

比如，图 4–1 里，是一道小学题目，让大家选择谁是外星人。这个图就是用来训练低年级孩子发现这些不同，来对细节性的特征进行划分，继而能够对种类的不同进行划分的。

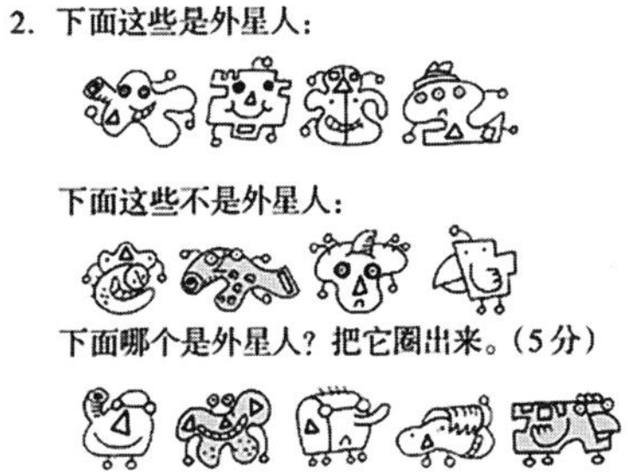

图 4-1　选择谁是外星人

所以，这个年龄段有些孩子就会出现这个问题，这只是因为他们对外界环境比较敏感而已。

理解了这些，处理起来也就比较容易了。

学员 G：看孩子担忧的程度来决定方法。我觉得如果孩子因此而不敢睡觉，不敢独处，害怕很多事情，就应该告诉他，他现在很安全，不用担心，那些电影里的是虚构的，现实中的是有地理等客观原因的，而孩子生活的地方非常安全。

让孩子平静下来！因为有的孩子的抗压能力不够，等他大一点了就会慢慢平心静气地去分析问题。如果孩子是胆子比较大的，可以和他一起探讨灾害原因，如何防范，遇到紧急事件如何处理，并常常沟通，加深孩子的正确反应。

左辉：让孩子平静下来之前，父母自己要先平静，有时候我们不能理解孩子的这种焦虑，对孩子的焦虑产生了另外的焦虑，孩子会感受到这种情绪，他会对父母说的很安全之类的话产生怀疑。在怀疑的状态下，我们讲的所有道理都很难被接受。

另外，当孩子确实很焦虑，父母跟孩子沟通问题的时候，可以抱着孩子。从后面抱着，父母身体带来的小环境的安全感，会抵消外部环境带来的焦虑，这一点很重要。同时，父母的心态一定要放松，不要觉得孩子这种焦虑的状况是多么大的事情。

学员 G：孩子和孩子的差别很大。有些是天生的，我小的时候就各种怕鬼。任何带有一点点恐怖的片子都不敢看……而我儿子却比较冷静，七岁，《加勒比海盗》《X 战警》《遗落战境》这些电影，他都能看，完全没问题。对待他，我就完全可以和他分析各种突发事件、灾害的原因，并和他讨论处理方法。

当孩子愿意去面对了，就可以开始深入谈论了。

当孩子害怕时，就小心保护他，让他觉得很安全。小的时候如果安全感缺失会影响孩子未来很长的路。

7. “中华好孩子”的魔咒

左辉：有一次，我看见一个初中女生跟妈妈吵架，其实也不能算吵，有点小争执而已。妈妈很强势，也很委屈，女儿跟妈妈其实一模一样，很强势，同时很委屈。她们那么需要一个温暖的怀抱，却彼此不肯给，都在等着来自对方的这种拥抱，很可惜。

有些时候，当我们对爱特别渴望的时候，反而会跟自己说，我很坚强，我并不需要！然后真的越来越坚强，然后真的觉得没有爱也没关系。

但是你的身体，你的所有的细胞，无时无刻不在伸出手臂，渴望一个爱的拥抱。

小学的孩子，还是要经常拥抱；青春期的孩子，妈妈要有对女儿的拥抱，爸爸要有对儿子拍肩膀等亲昵的、认可性的动作。

学员 M：看过一个关于"妈妈我有话说"的节目，那个妈妈就是坚决不拥抱她女儿，女儿很渴望。那个妈妈其实内心是曾经受过伤的，她老说，女孩子就应该大气，不能太娇气。

左辉：这是妈妈内心鼓励自己的话。如果我们把自己经常跟孩子说的话记录下来，估计都会发现，那全是自己内心曾经对自己说过的话。

说着说着就又回到我们一直说过的：过好了自己，孩子自然也就好了。只有我们自己每天活出了精彩，我们才有发自内心的真实快乐，这种快乐就是给孩子最大的滋养。

学员 E：怎么做好自己，看似简单，实际好难。

左辉：所以，妈妈爸爸们都需要成长，都需要学习。这个学习不是为了学知识，是为了看懂自己，学习对自己好一些。

前几次我们在课堂上做的几个现场干预，都是妈妈们对自己不够接纳，妈妈们心里有个"中华好孩子"的标准，每天都在强迫自己达到那个标准，但是总是达不到，只好每天都在批评自己。我们内心对自己的严厉程度，其实超过我们对孩子的严厉程度。

当我们能够开始接纳自己，接纳这个不是"中华好孩子"的自己，我们会发现，自己其实也是好孩子，甚至有些地方超过"中华好孩子"。那个时候，我们会惊讶地发现，我们能够接受很多孩子的问题了，当年看起来觉得很严重的问题，现在看，发现其实并不能算是问题。

3. 家长双方的教育地位

左辉：复习了一下大家的提问，问小孩子问题的，当妈妈的比较多。一个重要原因是刚做妈妈的人，特别重视教育，尤其是素质教育。养育孩子的早期时间大把的精力都放在孩子身上，恨不能学会所有的育儿理论，用最科学的方法不犯错地把孩子养大。

所以，妈妈们到了小学时期，就快要坚持不住了，各种崩溃和励志，励自己的志，坚持这种理念教育着孩子；到了孩子中学，实在没有耐性，孩子也到青春期啦，各种斗争开始大爆发。

学员Y：爸爸们都去哪了呢？

左辉：去挣钱了，去应酬了。

学员Y：这次学校开家长会，点名只能爸爸参加。爸爸们都很害羞啊，各种不想去。有个爸爸说：我能不能不去？那个妈妈说：可以啊，只要你不是爸爸就可以不去！

左辉：嗯，这是个流行趋势，挺好。从官方的角度能够支持爸爸的教育权利和义务，对孩子们是有很大好处的。

学员Y：为了迎接爸爸们，学校在报告厅开的家长会，布置得像迎新会，我先生回来形容的——学校那个偏心啊！我后来一想也容易理解了，因为很多爸爸是领导啊，要排场的。我先生还穿得特正式，他还说紧张，比签重要合同还要紧张！至于吗？

左辉：那是因为，每次家长会全是妈妈呀。男孩子们越来越娘，跟这个有很大关系。为了表示对爸爸们的欢迎，这种感情是可以理解的，但这个方式有点把爸爸们抬得过高了。期望值一下子被抬起来，难不成以后每次都搞成这种场面？妈妈们平时付出那么多，反而感觉就是应该的，不用搞得隆重，也不需要额外尊重，这可不好。用欢迎领导的态度来欢迎爸爸们，这哪里是教育啊，这是赤裸裸的讨好。

学员Y：因为还邀请了模范生的爸爸们上台，所以舞台如此华丽。

左辉：应该邀请模范生的父母一同上台，妈妈在这种场合才最重要啊！

学员Y：邀请函上写了爸爸对孩子成长起了积极作用，这一下子又引起了单身离异妈妈们的不满，感觉自己的付出是徒劳。妈妈没得去，我只能看老师转发给我的照片，老师要记录下这一刻。估计这样的家长会也只会这么一次，下次还是妈妈坐在班级里开家长会，爸爸继续各种忙……

左辉：有这个意识就好，初期总会这样子，越是刚开始，越容易作秀，慢慢地越来越多的机构和学校开始加入进来，也就会有更靠谱的方式出现了。我经常开玩笑讲，中国人一向是物竞天择的，活的就是概率，所以这片土地上才有这么多人嘛，基数够大，概率才够辐射到足够数量。

学员Y：但是爸爸们好像不是很能接受，他们认为还是妈妈开家长会好。我们几个妈妈私下讨论了一下，发现爸爸们并不想听学校对他们的“教育”。

左辉：对呀，因为学校都是女老师多呀，那些道理讲起来到处是漏洞，爸爸们一听就能听出来。有了爸爸们的不满，才能有提出意见和建议的可能，学校也就有了改进的可能呀。

学员Y：再说很多爸爸是领导，一般领导听得进别人的话吗？

左辉：不是这个问题，而是领导的阅历造就了他们看问题比较犀利透彻。

学员Y：好多表现不怎么好的学生爸爸就干脆不参加，爸爸们好像还是比较好面子的。

左辉：形式归形式，不要小看这些男人们，他们有我们看不到的视角和考虑问题的方式。为什么自然界安排了父母两个人才能生孩子呢？为什么人类社会要有结婚这件事情呢？就是因为，性别差异带来了完全不同的价值观。妈妈们更细腻更有耐心，爸爸们更犀利也更有力量，这二者完美结合，才是自然界的初衷。

孩子要将灵魂安置在地球上，终其一生，都在灵魂与肉体之间，自我与外界之间来回磨合、纠结、调整。父母的磨合、纠结、调整，就是最好的示范。父母如果关系融洽，孩子与外界环境关系就比较融洽，也更容易从困境中走出来。

学员Y：我倒是觉得要求爸爸参加家长会挺好，就是能不能和妈妈一样，在教室里静静地看着孩子的表现，听着老师的教诲？

左辉：你这是报仇的心态呀！所以，社会回答你了——不能！

只有妈妈带孩子，这是当今避不过去的现状，无论是单亲家庭还是婚姻家庭，都存在这样的状况。妈妈们单一的教育方式对孩子影响巨大，爸爸们的缺位到底什么时候能够补上，这不仅仅是一个小家庭的努力可以完成的，这需要整个社会的努力、整个社会架构对家庭生活的重视才能完成的吧。

4. 成人礼送什么才好

孩子十八岁的时候，很多家长开始意识到，要给孩子送成人礼礼物。

有的想是不是搞一个盛大的 party（聚会），有的想是不是要准备一份贵重的礼物，有的想要不要送孩子出去自由行，各种主意，各种花样。

成人是一件很庄重的事情，礼物如何选，取决于以往十八年的家教如何。如果从来没有过要培养孩子独立的意识，突然放出去旅行，估计还是凶多吉少。

想送成人礼礼物是一个非常好的想法，但是，恕我不合时宜，说一点风凉话，家长们，你们做好当成人的父母的准备了吗？这意味着你们将在孩子日后的生活中，逐渐退居二线，不再重要；他要有自己的秘密，自己的生活，自己的圈子，甚至自己的选择，你们不能再横加干涉。你们，做好准备了吗？如果做好了，再想成人礼；如果没做好，那就送个生日礼物，或者伪装成成人礼礼物的生日礼物就可以了。反正你就是做个样子感动自己，他收下礼物，协助你感动，如此而已。然后，该咋样还咋样。

成人礼仅仅是一个仪式，为此而准备的礼物仅仅是一个象征。这背后的意义，是成人的世界开始允许这个孩子踏入，他拥有了这个权利，拥有了主宰自己的开始；同时，也是成人，包括父母，愿意将他视为平等对话的成人的开始。这才是成人礼的真正意义。如果没有这些内涵，什么礼物也只是个东西，仅此而已；如果拥有允许孩子成人的内心，允许他公平地与我们对话，哪怕只送了一个瓜子，也是不同凡响的。

另外，儿子的成人礼礼物最好由父母商议好，父亲来给比较合适；女儿的成人礼礼物，父母商议好，由母亲来给比较合适。成人，首要的是对自己性别身份的认同。当然，实际还是要依照每个家庭各自的具体情况来定，有的家庭就是觉得父母一起给比较合适，有的就是觉得父亲给女儿更有意义，母亲给儿子也更有意义，这是可以的，完全依照家庭自己的原则就行。

四、关注国学文化

1. 西方教育or国学教育？适合孩子的就是好教育

左辉：教育这件事情，与其说是在教、在育，不如说是在传承。我不知道“教育”这个词从什么时候开始有的，没有考证过，但是，如今的教育的确少了传承的环节。

民族有民族的文化，家族有家族的文化，小家庭亦有小家庭的文化。这些文化就在生生不息的人类生活中，慢慢传承下来。然而不幸的是，我们的文化唯独没有小家庭的文化，几千年来占领教育的主要思想是儒家思想，这是家族性的文化，社会形态也是以家族为最小单元的。

恢复国学的运动轰轰烈烈，但是家族文化运用于小家庭，操作上会出现非常大的问题，有些甚至让人啼笑皆非。民族文化浓缩于家族文化，家族文化再浓缩于小家庭文化，这原本就是人心的规律，有着一整套的社会体系与其对应。而现代社会，我们的生活形态、社会体系发生了翻天覆地的变化，很多教育方法的推行，不符合人心规律，强行推行，国学又怎么能够在现代教育中发扬光大呢？不学会从心的角度出发，这条路恐怕很难走通。

这个世界不可能有完美的教育体系，既适用于东方，也适用于西方。在两种文化影响下，人的传承不同，思维方式、逻辑方式都不相同，做事方式、关注点也不相同，怎么可能照搬同样的体系呢？

学员L：我们自己没有传承，是对我们自己成长过程中经历的不妥教育的延续。自己没有尝到那个有根的教育，做着非此非彼的尝试，有时很纠结。

左辉：是的，中国父母非常纠结。社会上的一些规则逻辑在学习西方，但是我们的心灵却依然保持了久远华夏的脉络，封存在潜意识深处。我们会忍不住地用东方古老的方式感受事情，行为上却要符合现代的、西方的规范，能不纠结吗？

学员T：我觉得国学难以发扬光大最重要的因素，还是跟价值观息息相关。现代社会中能静下心来关心教育本质的人太少了，家长为了面子对孩子急功近利，学校为了名誉对孩子急功近利。浮躁的社会，浮躁的心，最后变成浮躁的教育！传统儒家文化讲究中庸、温文尔雅，与社会现状有一定偏差，所以这也是国学难以推行的原因之一。

符合自己孩子的教育，才是好的教育，没有标准，没有是非。这才能真正体现儒家思想中的因材施教。

左辉：无论是传播国学，还是传播其他的学派，做事的最终端是人。我们不缺乏伟大的学说，但是我们缺乏真正通透这些学说、能够应用于实践的老师。作为家长，我们从自己内心出发，从心与心的碰撞出发，无论用什么样的方式，我觉得都会是好的教育。

无法指望凭我们的一点力量培养一大批优秀的老师，但是我们微弱的力量可能会影响一批家长将这种子种下去，从而影响一代一代的孩子慢慢会从心的角度出发，那时，华夏文明的传承，才能慢慢崭露头角吧。

2. 界限与东西方文化

左辉：最近总看到“界限感”这个词，无论是职场，还是家庭教育，貌似界限感是个流行的概念了。那么我们就来聊一聊界限。

地球分纬度和经度，简单讲，就是一个横的划分，一个竖的划分。用孩子堆的积木来说明更清晰些：如果把几个积木横着排成一串，再把几个积木竖着摞起来（见图 4–2），观察一下，我们会看到，横着排的积木之间并无相互作用力，谁也不影响谁，各有各的位置；竖着排的积木，彼此之间互相支撑连接，谁也离不开谁，动一个就会动全部，被动的这个上下挨着的都会受影响，甚至上面的通通都会跟着动。

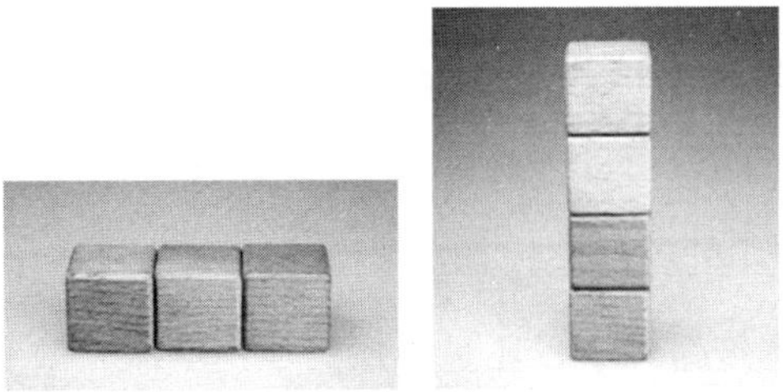

图 4–2　横排积木和竖放积木

横着的那一排积木，就算拿走一个，其他的也不需要动，只要保持各自的状态就可以，其他合适的放进来也可以，合适的标准就是长短尺寸和形状。放在人际中就叫作——界限——也就是边界范围。

这个区别就是东方与西方思维方式的区别，这样讲大家很容易就理解了。以中国为主的东方思维体系正是竖列的方式，也就是纵深式思维方式；西方的思维体系是横排的方式，也就是广度思维方式。西方的思维体系也是类型化思维方式，关注个体的特性和边界，以及彼此的规则；而东方的思维体系是关系型思维方式，关注个体和个体之间的关系，以及个体与整体之间的关联，至于个体的界限，并不那么重要。

儒释道三家，无一例外，全部是由关系型，也就是纵深式思维方式发展起来的。这三家，深度不同，层级不同，走的却还是同一条路径，所以修到最后，国学变成大染缸，也是难免的，不讲究界限嘛，难免有些乱七八糟的内容混进来。而西方哲学流派众多，大多是各种各样的分支交叉，彼此关联，又互相独立。

现今的社会，受西方文明的影响，受商业文明的影响，社会规则也产生了很大变化，所以“界限”一词一再被提上台面。

虽然东方的社会规则不追求界限，但是，并不能就此认定东方的关系型方式就不好。这一点一定要申明。至少周代及汉唐时期，我们都曾经辉煌过，宋代的文化发展更是登峰造极。

好在现今中国人已经意识到这个严重问题，开始用各种方式恢复传统文化，恢复国学传承，虽然也问题多多，但毕竟才开始起步。血性的恢复需要时间，文化的恢复及现代的应用也需要时间，但好在毕竟开始起步了。

那么我们为什么在教育孩子的时候还是要跟家长们提到“界限感”呢？因为现今的社会，随着网络世界的异军突起，无论是东方还是西方，都成了整个地球村的一部分，无论在哪个角落，都映射着整个地球。从横向开始了解，走向纵向，或者从纵向开始了解，走向横向，总之，最后对世界的了解，是必须横竖都有的。

学员 J：我们老强调“融入集体”“随大流”，是纵深向关系型思维的一个表现吗?

左辉：对的，这是纵深思维的一个现实层面的呈现，我们不能说这个行为是对还是错，但我们自身的确受这个思维方式的影响，所以我们很讲究集体观念。

我接着上面说的再讲，初始思维很重要，这是一个民族的思维本质，也是自己的根基所在。有了这个根基，才能横七竖八发展下去，无论从哪个方向开始，都可以了解到全面的世界；但如果丢掉了自己的根基，从别人的思维体系入手，会非常混乱，因为我们没有对方早就形成的规则体系。这些体系可不是存在于法律条款中那么简单，那是存在于人的深层潜意识中的东西，在一个人身上并不明显，但是在一群人、一个民族的人身上，就非常非常明显了。

回到刚才的问题，为什么我们还是要教孩子和我们自己形成一定的界限感?

因为，世界变成地球村了，这是不可逆的潮流，社会规则已经受到西方思维体系巨大的影响，两种思维方式均存在于我们的社会，现实层面的学习工作生活无不受其影响。所以相应地，一定的界限感的建立，对家庭、对孩子都是非常必要的。

不过，我提醒大家一句，父母自己的界限感恐怕不是那么容易能够建立起来的。我们经常以为的界限，只是生生竖起来的壁垒，操作不好，会让孩子受伤。所以要有一个意识，就是学会使用规则，这反而比界限感更容易操作些。界限感带来的那种冷淡，是中国人不太能够接受的，这一点要小心些。

3. 孝字新解

左辉：“孝父母”是中国人逃不掉的文化内涵，作为当代父母，可能对此是最纠结的，我们的父母要求孩子做到过去传统的孝顺，但我们的孩子显然不会接受这种孝的文化。我相信我们这一代人，小时候还是经常被灌输“孝”的概念的。我先问问，大家对“孝”，都有些什么样的看法？

学员 C：孝要自然而然，不能强求，否则会变成做样子。我儿子就不能接受《弟子规》，认为太愚。但他是很善良的孩子，不会不孝啊。

学员 M：儒家文化的传统，人们骨子里就有的，又整天被灌输“要听话”“要感恩”。

左辉：看出来了——表面上都认可，心里都抵触。所以现状是，作为父母的我们，自己对“孝”，是很纠结的。表面上不敢不孝，不敢不服从孝，但是心里蛮排斥和抵触。

大家可以看看自己内心真实的感受，对孝抵触的原因是什么？并没有批评的意思，在讲堂里，大家可以讲讲内心的真话，因为这是成长性质的场所，所以，我们允许不说“中华好孩子”的语言。

学员 C：因为人们讨厌别人说的“应该”，即使是自己认可的东西。感情到位了，自然母慈子孝，不是表面上的做样子。感情没到位，就是捧着父母的脚在那儿洗也是做作的行为，顶多可以美其名曰：借假修真。

左辉：对，大家的内心深处其实是接受“孝”的，是很想对父母好的。那么可不可以说，我们内心深处原本有个很纯真的“孝”心，但是似乎被“孝”的文化扭曲了，变成了现在这样不情不愿又不敢明着对抗的“孝”？

前面这一段，是为了澄清下我们对“孝”目前的感受和认知。否则，糊里糊涂地教孩子“孝”，其实教的是我们的纠结。

那么，孝的本义是什么呢？我们来看一下“孝”字的字形演化（见图4–3）：

金文　　小篆　　楷体

图 4–3 “孝”字的字形演化

“孝”这个字是从金文开始出现的，是甲骨文的“老”和“子”合成上下的结构，视为“孝”。

从这个字形结构可以很明显看出来，孝一开始的意思，是传承。字形中的这个孩子是站着的，表示后辈对长辈的承继，这个意思非常清晰。注意，在这个时候，“孝”是单独使用的，没有“孝顺”的说法，这一点可跟后来千差万别。

传承的意思，大家怎么理解？

血脉通过肉体就能延续，但家族精神的延续，光用肉体是做不到的，用礼节，用磕头，都做不到。礼节只是精神的表现形式之一，并不是精神本身。

中国文化，从秦开始，出现了非常大的分水岭。先秦文化是很健康的，在秦之后，就开始“生病”了。许慎在《说文解字》中解释“孝”为“善事父母者。从老省，从子，子承老也”，这样的解释已经带有儒家的影响了。“孝”字产生的时候，我们能查到的确切记载，是从金文开始的。

“孝”字的第一个意义，是事天地。精神层面的传承，与天地是分不开的，也就是要考虑人与环境的关系。古人没那么自私，只想到自己一支血脉、自己一个家族。

我们曾经解读过“望”的甲骨文：大大一只眼睛，顶在个小身体上（见图4-4）。远古时期的晚上，部落族人熟睡的时候，是要有人来值守的，这个值守的人是大家都信任、可以交付所有人性命的人。所以，后来演变出来“名门望族”这个词，一代代传承下来。具备社会公信力的，可以让周围百姓信赖和仰仗的才能称为名门望族，不仅仅是自家关起门来传承就算的。所以，精神的传承，不可以忽略环境，更不能忽略天地。

图 4-4 “望”字的字形演化

从系统论的观点来看，一个闭环的系统，从能量进入到输出，是达到平衡的。但是，任何能量在人间都是衰减的，如果没有新鲜的外部能量进入，本家族内的这个闭环系统就会呈衰减之势。

要引入新鲜能量，与外姓外族通婚是一种方法。英国皇室曾经流行血友病，就是因为近亲通婚，家族内部消化，能量呈衰减状态，通过疾病的形式表现出来。

还有一种避免能量衰减的方法，就是吸收环境的能量。那么如何吸收环境的能量呢？古代很多家族强取豪夺，欺男霸女，富甲一方，这算不算？这不叫吸收环境能量，而仅仅是物质层面的理解。古时候人还看重风水，找寻好的风水，居于其中，这算是吸收环境能量，属于物质层面的，但也是一种占有，不过比较有礼貌而已。

这里说的“能量”，更多的是指精神层面，要与环境和谐相处。小家庭对应小环境，大家族对应大环境。“扫门前雪”，就是与环境共处；顺便也扫了一点别家的门前雪，就是吸收环境能量。从行为上来看，是一种付出；但是从能量层面来看，其实是一种得到。总之，与环境的对应关系也是吸收新鲜能量的一种方式。

此外，还有一种方式，不过这种方式不是所有家庭都可以做到的，那就是“扰动”。

举个例子。人本身的免疫系统，可以处理一些细菌、病毒，通过免疫系统的调节，让我们不受感染。一些小细菌，属于免疫系统日常消灭的范畴，但是总会有一些意料之外的细菌，比较厉害的，不常见的，比如流行病毒之类。遇到这种情况，有些人就病倒了，有些人虽然也被病毒侵袭，却不会发病——这就是免疫系统处理扰动的能力不同造成的，而这种意料之外的病毒就叫作“扰动”。打预防针，接种疫苗，就是对应地给身体一点能接受的扰动，让免疫系统升级，通过自我调节获得对付这些病毒的能力。

通过对抗扰动强壮了自身，就是吸收能量。所以苦难对于个人、家庭、民族也不一定都是坏事。

吸收扰动的能量，成为整个家族系统进步的契机，这背后需要的是一个非常重要的机制——反省，这也是儒家很重要的一个修身方式。

在痛苦中成长，在问题中发现自身的弱点，没有反省的力量，是不可能做到的。

所以，“孝”字的第二个意义，是反省。

“孝”最初的含义是事天地，也就是传承天地精神。“事父母”这层意思，是后期才出现的，内涵和范围都缩小了不少。但“事父母”，也并不是爹妈说啥就是啥，其中包含了反省的概念，通过孩子的状态表现，父母要反省自己的作为，家族长老也要反省自己的作为。

所以，孝文化的内容，包含的意义是传承与反省。

大家有机会的话，可以去查查自己的姓氏起源，你会发现你的姓氏同样包含了你们这个家族的一些传承特质。

比如，我姓左，我查“左”，发现特别好玩儿：甲骨文的左，手下面一个工字尺（见图 4–5）。

图 4–5 “左”字的甲骨文字形

这个姓氏很可能一开始属于能够使用工具，做东西量东西的那种人，属于心灵手巧的家族。事实上，我家人还真是这样，我爸爸就是个能工巧匠的典范。我经常开玩笑，说我遇到的男人没一个比得上老爷子，泥水匠，木匠，电工，机械，钉鞋，补锅……所有这些需要动手的事情，老爷子上手，绝对是匠人级别。

子承父业，这是一开始的家族传承。每一家都以自己所从事的工作和担任的社会角色为荣耀，也为姓氏，这才是传承的意义。

所以，孝的意义远不止我们如今了解的那样，我们现在理解的儒家所说的“孝”，也并不是孔子老人家当年说的“孝”了。被统治阶级利用，加上“顺”，那就更不是精神传承中的东西了。

父慈子孝，父慈在先，现在却都只提子孝，而父慈无人监管。传承变成了继承，反省变成了自我批评，物质代替了精神，所以家长越来越专横，在孩子面前恣意妄为，打着爱的旗号什么都敢做。走偏的“孝顺”把孩子变成了私有财产，把人与天地、精神与环境的关系，以及孩子的神性通通丢掉了。

大家可以自己感受下，我们之前所提到的“孝”的本义里，你会不会自然产生一种敬重感？但是现在所提到的“孝顺”里，你是不是特别不耐烦，如鲠在喉？

亲情间的敬重，应该是天性，是浑然天成，是很自然舒服的状态。当然，行为层面适当的约束和规则不能完全没有。

4. 孝敬不同宗

过去的教育讲究："在家中，孝父母；入学校，敬先生"。

以前的讲堂中曾经提到过，我不是很提倡一味强调"孝"的教育，因为到了今天，"孝"文化中流传下来的唯有一个"顺"字，真正的传承，已经消失了。但是虽然如此，在家中对父母的态度，在学校对老师的态度，仍是每个孩子都必须学会的一课。

"孝"与"敬"，是两种不同的态度。我们曾经详细解读过"孝"的本来意义，简单来说，就是"传承"和"反省"——自上而下的传递，自下而上的反省。

那么敬呢？图 4-6 是"敬"字的字形演化图：

图 4-6 "敬"字的字形演化

金文中，"孝"在字形分布上，有"上下"的意思，"敬"则有一方姿态放低的意思。当然，这是与"孝"对比而言，实际上用"敬"来形容的双方，还应该是平等的。

"孝"中的上下结构代表父辈向子孙的传承，由血缘伦理而定，不可更改，可以说是与生俱来的人生基础。如今很多父母搞错了自己的位置，总是想把在家庭中孩子听话的感觉"移植"到学校去，变成孩子对老师的感觉——实际上，“孝”的感觉是更加亲近的，而“敬”则是有一定距离的。这里朦胧地涉及了“远近”的概念。

大家用心感受一下，在讲这句话的时候，感觉是收敛约束的，因为孝父母，是接收来自上一辈的传承；敬先生，则是克制、敛止的感觉。一个是收进，一个是收住，收进父母给予的，收住内在出去的。

这是不同的感觉。一个是自己家中的方式，一个是外在社会的方式。

现代家庭的父母搞不清楚这些感觉背后有这么大的区别，经常把孩子对自己需要的态度也延伸到外界。“一日为师，终身为父”，说的是古时收进门里的弟子，是一辈子都跟着师父的，跟我们现今社会中的老师教学是截然不同的概念。总觉得自己对孩子的心，也应该是老师对孩子的心，这一点可是误会大了去了。

我很喜欢老课本里的感觉，特别是这两课：“在家中，孝父母；入学校，敬先生”，“天初晚，月光明；窗前远望，月在东方”。（见图 4–7）

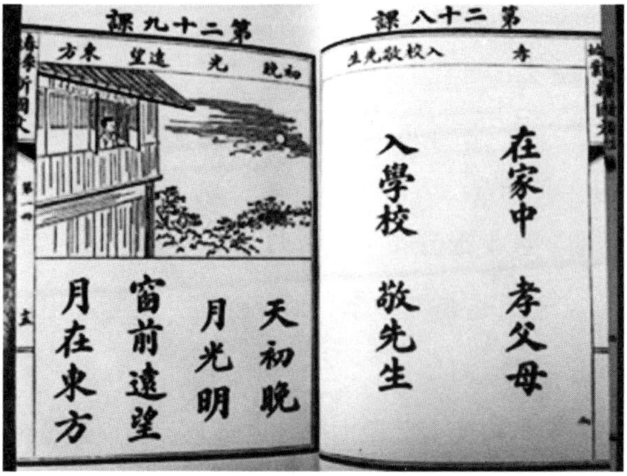

图 4–7　老课本里的两课内容

右边是收敛的孝敬，左边是“天初晚，月光明，窗前远望，月在东方”。前一课，对人；后一课，对景。对人的时候收敛，对景的时候，行文却有辽阔的视野和自由释放的情怀。窗前远望，打开窗门，同时寓意着敞开心灵。在心理咨询中，咨询师帮助来访者打开内心，一种常用的方法就是引导来访者在想象中做出开窗的动作，即打开心灵的窗户。东方之月，则寓意着人们的希望，一个对将来光明美好的理想。

现在的孩子最大的问题，不是叛逆，不是学业，恰恰是缺少希望。

成绩拔尖，考名牌大学，都无法成为洒在心中的月光；只有与灵魂相关的希望，才能真正支持一个人面对人生中的困境和坎坷，让其有力量去追逐心中的那一轮明月。

5. 忠恕之道与同理心

我们中国人，往往习惯于“父母监管”—— 父母监管的意思就是，父母监管我们，他们自己却没人监管，说啥就是啥。大家猜猜，在以前中国的文化中，父母靠什么来监管？

在更大的范围、更重大的事宜上，父母要由宗祠，也就是家族力量来监管。那么，在自己的小家庭系统中呢？父母自身靠什么来监管？

以前家庭中遵循的大多还是儒家的礼法内涵。法再大，每个家庭关起门来怎么折腾，只要不出人命，外人也没办法。那么，对于父母，这个家庭中的“天”，能起监管作用的，实际上是儒家学说中的“忠恕之道”。

共情、同理心等概念非常流行，这是从精神分析崛起之后，与人本心理学一起流传进入中国的，历史不过百年。实际上，共情与同理心原本是同一个概念，只是不同的流派用了不同的术语而已。同理心的意思就好比琴弦上共鸣的两根琴弦，用自己的心感知别人的心。这项能力，在心理师的培养过程中，是非常困难的，也是将自己的情结清理到非常干净的地步才有可能达到的。

而儒家最核心的思想——“忠恕之道”，其实就是共情，或者同理心！

“忠”的本义，是将心放在“中”的位置：“喜怒哀乐之未发，谓之中；发而皆中节，谓之和。”这句话出自《中庸》，意思是，喜怒哀乐等这些情绪，没有发出来的时候，叫作“中”——再解释得透彻些，就是人本身自然而然存在的、未受情绪干扰的状态，就叫作“中”。佛家称为自性。

所以，自性的状态，叫作“中”。情绪发出，经过自己的调节而平衡的状态，叫作“和”——从“中”到“发”到“中节”到“和”的过程，就叫作“中庸”。

人的心灵分很多层，一般我们能意识到的仅仅是最外层。所以，才有了《中庸》这本书，它教的就是如何在“中”被扰动之后，在日常的生活中达到“和”的状态。《中庸》是一本指导手册，指导大家如何在日常生活中进行这个过程。

那么，中庸的“庸”是什么意思呢？“庸”的意思，就是日常生活，点点滴滴，各种俗物俗事，而且指的是漫漫人生路中的日常生活，具有时间延续性的那种生活。

“喜怒哀乐之未发，谓之中；发而皆中节，谓之和。中也者，天下之大本也；和也者，天下之达道也。致中和，天地位焉，万物育焉。”喜怒哀乐这些情绪没有发生的状态，叫作“中”，发生以后有了适当的调节，叫作

“和”。所谓“中”，是自然界与人最基本的状态；所谓“和”，是自然界与人最和谐的法则和规律。能够达到中和的状态，则天地各在其位，万物生长繁育。

将自己的各种情绪调节到合适的度，自己舒服，周围环境也舒服，才是“达道”所说的境界。很多人对这部分有很大的误解，将“中节”的意思当成了节制，有情绪还要节制和隐忍，表面没什么，实则内心恨意难平，完全违背了中和的本意。

中节的“节”，广义范围上可以理解为“礼节”，将自己的情绪调节到合适的度，既是对自己的礼节，也是对别人的礼节，更是对环境的礼节。

我们刚才讲了“中”，将心放在“中”的位置，就有了“忠恕之道”中的“忠”。那么“恕”呢?

恕是“如心”。《论语·里仁》篇载：“曾子曰：‘夫子之道，忠恕而已矣。’”“忠”是以自己心为中心，为最基本的出发点，这符合中庸的概念；而“恕”是如心——如别人的心，也就是懂得别人的心，好像自己的心一样。

所以，忠恕的概念实际是心与心的交流，用自己的心与别人的心交流，用自己最基本的心的状态与别人的心相映照。用更加简单的语言解释，忠恕就是“了然自己最真实的内心，方能映照别人的内心世界”。忠恕之道，用现代心理学来解释，就是自省+共情，或者是自省+同理心。（实际上，无论是共情还是同理心，都需要反省才能达到，但字面上的意思没有包含这个概念，所以，我特别把反省列出来。）

每个人的内心都可以看作是一面镜子，修心的过程就是看清自己的镜子上有多少污垢，多少裂纹，什么地方可以修补，什么地方需要加固。当别人出现在我们面前，我们心中的镜子里映出他们的身影，如果这面镜子没有擦干净，也不知道哪里破损，那么看到那人脸上的污迹，我们会以为就是那人的——可也许，那污迹是我们自己镜子上的。

只有自己的镜子完全擦净，清楚知道自己镜子上有什么样的缺憾，才能映照出别人真实的样子，这才是忠恕的状态。

我们学了太多西方的教育理念、心理学技术，却丢掉了属于自己的、真正的文化内涵，如果仔细耐心研究，会发现，古老的东方智慧里，依然有我们今天可以学习和借鉴的地方。

附　录

附录1

当妈是最好的修行

家长公益大讲堂学员　刘洋

孩子是命运的恩赐，带给父母开启心灵的机缘。

在人生的前三十年里，我一直认为自己是一个情绪稳定、遇事冷静理智的人，负面情绪就算是出现，也不过是平湖微澜，用不了一会儿我就会恢复淡定。我为此非常自豪，甚至偶尔嘲笑一下我老公，说他的情绪整天上上下下，像个孩子。

直到我家小妞出生后两年半，开始上幼儿园的时候，我才突然发现，我的情绪并不是自己想象中那样稳定。当时我们是在刚从中国搬家到阿联酋迪拜一个月，英语一句不会的情况下，上的全英文的幼儿园。这不仅对小妞的生活是巨大的改变，也仿佛打开了我心灵深处的潘多拉盒子，沮丧，失望，悲伤，愤怒，这些情绪仿佛开了闸的洪水，争先恐后地奔涌而出。

入园以前，我家小妞乖巧伶俐，只是显得有些谨慎。上幼儿园以后，她的情绪爆发，各种“不要”，一言不合就哭，动不动就发脾气，这些在两岁半前从未出现过的行为把我吓坏了。我又不明白问题到底出在哪儿，自己也搞得一个头两个大，情绪几次崩溃，最后变成我特别害怕跟孩子独处，一旦她哭闹，我就害怕得不行。极度的焦虑情绪，甚至发展成了“恐慌症”，我经常莫名其妙地害怕，严重的时候心跳加快好像心脏病发作一样，然后去医院一检查啥事没有，医生说要不就吃精神科药物，要不就找心理医生吧。

就在这时，我在机缘巧合之下，遇到了左老师，听了关于高敏感孩子的讲座，我这才明白我家小妞是个典型的高敏感儿童。我开始了解高敏感孩子的特点，知道了怎么帮助孩子适应环境。慢慢地，孩子的情绪平稳下来了，然而我的恐慌症并没就此消失，反而在帮助孩子处理情绪的过程中，隐约感觉到了自己隐藏多年的情绪，于是我又参加了左老师的深度心灵成长课程，进行了半年多的学习。在这个过程中，我的一个非常深的体会是，“自我成长对家庭教育是非常重要的，可能比学习如何教育孩子更重要”。

为什么这么说呢？咱们中国人讲“言传身教，身教胜于言传”。外国的心理专家也讲，家长是孩子最重要的模仿对象。我们的孩子如何管理情绪，如何应对生活中的事件，并不是主要依靠听家长、老师讲道理，而是观察家长们是怎么做的，从而模仿学习。举一个我自己的例子，我生气的时候，我处理的方式是不说话，生闷气。因为我爸爸就是这样的，我学习的是我爸的方式。现在我女儿生气，她的处理方式和我一模一样。不管我怎么样跟她讲“应该如何处理生气”，她模仿的就是我的行为。所以我感觉到，想要帮助孩子，先得帮助我们自己。在我成为一个更好的我之后，我也同时成了一个更好的妈妈。

成长给我带来了什么样的改变呢？

第一个改变是：我看见了“我自己”，然后才能真正看见我女儿。

刚开始参加成长课程的时候，我记得老师让我们画房子，我画了一个房子，门前站了一家三口。分析这个房子的时候，老师问我这房子里面有什么？我那时候突然意识到我这个房子里面是空的，里面就有个小姑娘坐墙角那儿。那个空房子里的小姑娘才是“我自己”，是去除了“妻子”“母亲”“女儿”等等所有标签以后，剩下的我。而这个人在我的画里面根本都没出现，就是说我根本连看见都没看见“我自己”。

看见自己之后，在老师引导下，我做了很多事情来丰富自己，陪伴那个空房子里的小姑娘。慢慢地，我发现我开始有能力真正看到我女儿。

以前我看我女儿，更多的是在看“我女儿”这个标签，所以如果她的行为不符合我对“女儿”的预期，跟我理想中的孩子不一样，我就会焦虑。现在我看见的是一个独立的小人儿，不是我的附属物，不是我的理想型，那么她有她自己的行为、性格，跟我想的不一样，不是太正常了嘛。

成长带来的第二个改变，是在情绪管理方面。我自认是一个情绪稳定的人，然而其实并不是我没有情绪，而是情绪都被压抑住了却不自知。所以当有一天我发现“我的妈呀，我居然也有这么多负面情绪”时，我心里想的是：“我这是情绪失控了吧！我是不是要得精神病了！”一点不夸张，这就是当时我的真实想法。这种状态下的我，面对一个本来特别乖，突然上了幼儿园就开始哭闹不讲理发脾气的孩子，是一种什么样的感觉？我特别害怕我女儿也情绪失控。甚至于我都怀疑过，她这样是不是不正常啊？

成长课跟老师学会的第一个技能，是认识、觉察情绪。我慢慢知道：哦！这世界上有这么多种情绪！原来我的那些情绪，它们都是有名字的！它们叫紧张、委屈、失望、愤怒、悲伤、恐惧、嫉妒等等；原来我有情绪是正常的，所有人都有。

然后，当我女儿有情绪的时候，我能分辨出来，此刻我感觉到的是自己的情绪，还是孩子的情绪。

举一个特别日常的例子。我闺女哭，我的第一反应是“好烦啊！又哭，哭啥呀？能不能不哭！”这个感觉在我脑子里面大概持续一秒，然后我就进入正常的妈妈模式。

但是当我开始练习觉察情绪的时候，我发现了一件特别有趣的事，这个“好烦啊”不是我对孩子哭的反应，而是我对“哭”的反应，那么是谁的哭呢？其实是我妈妈的哭。我妈经常一不顺心就发脾气，到最后就是“哭”，一边哭一边抱怨我爸做得怎么不对，而我对这个情景遗留下来的情绪就是“烦”。当我女儿哭的时候，又唤起了我对这个情景的情绪记忆，所以我的第一反应，那一秒的情绪是“烦”。

觉察了这个情结之后，我女儿再哭，我就能分清了，能把自己的烦放在一边，专注在她的情绪上。同时我自己知道了很多种情绪，也能够帮助她找到她的情绪是什么，引导她去面对她的情绪，慢慢地，她以后就也会有能力觉察到她的情绪，独自面对她的情绪了。

成长带来的第三个改变，是接纳。

因为看见了真正的自己，觉察了自己的情绪，我才真正接纳了“不完美”这件事。以前我是“追求完美主义者”，一旦发现自己拥有不完美的人或者事，就会很沮丧。现在我能够接纳不完美，自己不完美，老公不完美，父母不完美，孩子不完美，这都是正常的。然后，我才真正意义上明白了对孩子“无条件的爱”。

以前我总跟我闺女说“妈妈爱你，永远爱你，不管你怎么样都爱你”。

我觉得这就是无条件的爱了，现在我意识到，这是“妈妈”无条件的爱，它是建立在“我是你妈妈，你是我女儿”这个条件下的。一旦女儿不是我理想中的样子，我心里其实是有失望沮丧的，因为这意味着我没有成为一个理想的妈妈，意味着我是不完美的，天啊，那我觉得天都要塌了。

现在我能接纳我是不完美的，既然如此，那么我女儿不完美，也很正常啊。所以现在我都跟她说“我爱你，永远爱你，不管你怎么样都爱你，你不爱我我也爱你”。

成长带来的最后一个改变是：允许自己做不到，也允许孩子做不到。

就在我准备这篇文章的内容，回顾成长的这几个月的过程的时候，我还在那儿哭呢。为啥哭？因为我觉得成长真是太辛苦了！我一边回顾一边觉得特委屈，为啥别人不成长也过得好好的？为啥我这么努力了，还是有很多问题？真的有很多次打退堂鼓的时候，我就这样，爱咋咋地吧，像我爸妈那样一辈子也不知道啥成长，不也把孩子养活大了吗？

但是，成长还给了我一种力量：允许自己做不到。做不到不丢人，也不是世界末日，想哭就哭呗！哭完了，睡一觉，明天早上接着成长嘛。

当我回头去看这几个月、几年、几十年的时光，看见被时光遗忘的一个个自己，我觉得成长对我自己是有意义的；当我听见我女儿不是哇哇大哭而是说“妈妈我不想上学，因为学校里没有妈妈，我不是伤心难过，就是觉得很想你”，我觉得成长对我的宝贝也是有意义的。

我闺女的学校请了心理专家来给家长讲情商培养，我觉得专家有一句话说得特别好：我们养育孩子，不是要保护孩子，而是要引导孩子。因为总有一天我们要放手让他们面对真实的世界。而我们想要引导孩子，就先要能引导自己，或者说，恰恰是因为想要引导孩子，推动了我们学习如何引导自己，如何成为更好的自己。

感谢我的女儿，感谢你带来的一切考验与一切欢乐，我想，你一定是上天派来渡我的，当你的妈妈，是一场最好的修行。

永远爱你。亦永远爱我自己。

附录 2

一位妈妈的感言

家长公益大讲堂学员

能进入家长公益大讲堂这个课堂，要感谢我的朋友小冉。这个课堂因左老师的爱和慈悲而温暖。

一直以来，我以为我是个合格的妈妈，我尽心尽力地照顾孩子，教育孩子；吃穿住行自不必说，每个妈妈都是一样悉心照料。在言行方面，我可谓“无孔不入”，孩子的一言一行一举一动，我时时刻刻都在观察，一旦发现错误就及时纠正。

记得在儿子一岁半时，我带他出去晒太阳，跟比他小一个月的邻居家男孩一起玩。儿子手里拿着自己的玩具，那个男孩想要玩儿子的玩具，我就把儿子的玩具给他，儿子想去拿他放在地上的玩具，那个男孩却不给，牢牢地抱在怀里。儿子委屈地看着我，我却觉得男孩子应该大度一些，让着弟弟，就跟儿子说：“没事，那是弟弟，你是哥哥，让着弟弟。”儿子听我说完，他的嘴唇居然在发抖，我才发现儿子是用了多么大的力量在忍耐心里的委屈。之前我一直都是教育孩子交换着玩玩具，而我却又因为面子而背弃了这个原则，孩子的内心该是多么无助啊！可惜当时我虽然发现了问题，却没有深究或因此而改正，还是一味地以自己的标准来养育孩子。

孩子快到两岁的时候，脾气突然大增，以前顺理成章的事情，他现在总要说“不”。一次两次下来，我火大了，觉得孩子不听话，要“犯上作乱”啊。而在我的家庭教育理念里，这是不行的，孩子不能跟家长顶嘴，家长的权威不容冒犯。我也就开始了煞费苦心地改造孩子性格的历程，恩威并施交谈引导，孩子终于在三岁多的时候听我的话了，我也颇为自豪。但另一个问题却越来越明显：孩子脾气暴躁易怒！我觉得这是孩子爸爸的原因造成的，爸爸的脾气就这样，孩子耳濡目染也就这样了。我丝毫没有意识到我的问题，还在向外找答案，给孩子报了情商管理培训班，希望孩子自己能管理自己的情绪，用情商老师教的技巧和方法来管理和约束孩子，并没有体会到老师所说的爱孩子的真正含义，其结果可想而知，治标不治本！

浑浑噩噩地又过了两年，随着孩子力量的增强，他跟小朋友之间的打架次数越来越多，而我当然不能容忍打人的行为发生，总是会在第一时间冲上去干预。一问原因，或者因为别人说他一句话他觉得受到侮辱了，或者因为他觉得别人不遵守游戏规则了……自家孩子打人得管啊，每次我都是当众批评孩子，孩子也是七个不服八个不忿，把气憋在心里，下次见到人家还打。时间长了我都快成了刺猬，一看苗头不好，马上上去拉住孩子，以免动手。我也越来越焦虑！

一个转机，我接触了佛法，进而接触国学，接触到心理咨询师。阅读了心灵成长类的文章之后，我才明白，过去的我沉溺在自己的心相里，我沿袭了让我受伤的教育方式来教育我的孩子，我的心里充满了冷漠、控制和完美主义，并且是以爱的名义来要挟孩子，让他按照我理想中的样子成长，给孩子施加了这么多的暴力……我羞愧于我的自私和冷漠。但我爱孩子，我愿意改变自己，愿意踏上成长的路。

感恩我的朋友小冉，在我迷茫的时候把家长公益大讲堂这个微信群推荐给我，刚进群的前几天，我没有发言，在观望着，每天进行的话题我都会仔细地看，在轻松和幽默的言语间流溢出左老师的智慧和善巧方便。但是给我触动很深的，是左老师发现一位妈妈因为童年受到的伤害而及时给予的爱的疗愈，没有大道理没有说教，感受到的却是实实在在的温暖和感动。今天谈及当众教育孩子会给孩子伤害的话题时，我随感而发小时候就常被妈妈当众教育，没想到左老师当时就发觉并且马上给我认同，我的眼泪一下子喷涌而出，我没想到，一向习惯于被忽略的我，内心是这么强烈地需要被认同，被关注，被爱！压在心底里最深处的委屈都涌了出来，我痛快地哭了一次。以前我的眼泪是不轻弹的，甚至讨厌自己流泪，觉得是懦弱的表现，为了不伤心，我似乎把自己的心用很坚硬的外壳包围了起来。如此坚硬的外壳，却被老师一句话就撕裂出一个口子，我不得不折服于爱的力量。

真的很感恩左老师，感恩她的慈悲，在繁忙中还在尽力帮助困惑的妈妈们，给予我们爱，以及教我们如何去爱，让我们的心越来越有生命的力量。感恩课堂里的善良热心的各位妈妈，或许大家素不相识却互相给予关爱，彼此温暖着，我不知道该用怎样的言语来赞叹，只能再一次说感恩！